그런 시절이 있었네

오준영 산문집

1970년대부터 1990년대 사이에
성장했던 이들이 겪었던
그때 그 시절의 일기,
그리고 꿈

그런 시절이 있었네

오준영 산문집

문학공원

<책을 펴내며>

치유활동이 인성함양과 자기치유에 미치는 영향

나는 자기치유로의 여정에 온 마음과 영혼을 담아 고뇌하고 탐구하는 웃음치료사 출신의 사회복지사로 노인의 치매예방과 치료효과가 있는 다양한 요법을 적용하여 양로원 등에서 봉사활동을 했으며, 특히 생태계 회복을 위해 연구하는 환경교육사이다. 그리고 효행이 만행의 기본이요 초석이니 으뜸으로 여기는 효행교육지도사이기도 하다. 명상요가 전문가로서 오랜 기간 배우며 안내하고 있으며, 다양한 치유활동의 HanSatiM[1])이 인성함양과 자기치유에 미치는 효과를 지속적으로 연구하는 자기치유 리더의 길을 가고 있다.

오늘날 사회는 물질문명의 발달과 기계화로 급격한 변화를 겪고 있다. 의학기술의 발달로 평균수명은 연장되었고, 정보통신기술의 발전은 전 인류를 하나로 묶는 지구촌시대를 구가하고 있다. 과학기술과 문명의 발전은 인류 삶의 편의성을 향상시키고 행복을 증진시키기 위함이다. 그러나 역설적으로 과학문명이 도리어 인간의 삶을 위협하고 인간이 기계에 종속화되어가는 삶을 살고 있다. 의학기술의 발달로 평균수명은 연장되었으나 삶은 무의미해졌고, 풍요로운 물질

---

1) 김해 싸띠아라마에서 수행하던 중 '이거야!'하고 깨달음 얻어 스승님께 허락받아 Sati의 깨어있는 성성한마음관리 수행법에 다양한 명상의 편안한 이완법을 적용하여 저자의 석사, 박사학위 논문에 표기하였다. 저자가 만난 스승님들의 말씀을 토대로 정리한 이론 및 수련법으로 인간을 중심으로 긍정자기치유코칭프로그램을 뜻하여 오!예스(OHEYES)라고 함. 지금여기 깨어있는 마음으로 나를 보는 여행이며 덤(THE.M)명상이다. 나보여, 나살여, 껄껄껄 다다다, 소리명상, 새싹요법, 나선요법, 등구르기, 이완요법, 식이요법, 운동요법, BIGMAN TERAPHY 등이 있다.

사회 속에서도 사회는 불안정해졌으며, 정보통신기술 발전과 디지털 사회로의 전환은 존재감의 상실과 외로움, 소외 현상으로 이어지고 있다. 뿐만 아니라 가상공간을 통한 관계, 지나친 사이버세계와의 접촉은 현실과의 괴리, 현실세계와의 단절로 이어지고 있으며, 물질 지향적 가치관은 인간을 과도한 경쟁과 기계적 도구화로 이끌어감으로서 스트레스, 우울 등 행복과 점점 더 멀어지는 삶을 살아가게 하고 있으며 인성을 법으로 규정하여 커리큘럼에 추가하여 교육해야 하는 시대가 되어 이제는 인성도 시험 보는 시대가 되었다.

이러한 급격한 사회변화와 생활양상은 현대인들이 스트레스에 노출될 수밖에 없는 삶의 구조로써 이에 대한 대처 방안이 다양하게 제기되고 있는 가운데 산림과 숲이 스트레스를 완화하고 인간의 건강과 행복에 긍정적 기여는 물론 인성함양에도 도움이 된다는 연구 결과가 나오면서 산림과 숲의 치유 기능에 관심이 높아지고 있다.

나는 이러한 연구를 하기에 이르렀는데 HanSatiM 프로그램이 다양한 치료현장에서 활발하게 활용되기 위해서는 숲에서의 다양한 치유현상과 치유과정, 그리고 숲의 어떤 요소들의 영향으로 치유에 이르게 하는지에 관한 연구 등이 체계적으로 분석되고 규명되어져야 함에 주목하였다. 중년여성의 정신건강은 단지 개인의 건강증진 문제만이 아니라 개인의 노년기와 가정, 고령화 사회에 큰 영향을 미칠 수 있기 때문이다. 특히, 중년여성이 경험하는 스트레스와 피로, 우울 증상에 산림치유가 미치는 긍정적 효과성 연구를 통해 중년여성의 육체적, 정신적 건강을 되찾고 행복한 삶을 지속시켜 주고자 하였으며. 그로 인해 주변의 질서가 안정되고 평화롭게 된다면 맞이하며 대하는 모든 관계인들의 인성발달에도 영향을 주어 얼굴에 피는 인상 주름의 골도 무디어 갈 것이다.

최종적으로는 이들의 자아정체성과 자존감 향상인자를 찾아 강화시킬 치유프로그램을 제시하는데 연구목적을 두었다.

연구대상자의 실험군을 세 그룹으로 나누었다. 첫째, 깊은 산속 숲에서 숲 체험을 하고 있는 '산림 치유군', 둘째, 자신이 살고 있는 도시와 가까운 주변의 숲에서 숲 체험하는 '도심 숲 치유군', 셋째, 숲 체험을 전혀 하고 있지 않는 '비 치유군'이다. 실험군 대상자들에게는 실험 전과 후에 설문지를 이용하여 일반적 특성과 스트레스, 피로, 우울 정도를 검사하였다.

상기 실험 연구 결과를 바탕으로, 본 연구자는 산림치유의 효과성을 검증하였고 HanSatiM과의 결합을 통한 효과성 증대를 제시하였다. 나는 이 연구를 통하여 요가명상학 기초위에 4차산업혁명의 인간중심의 문학 사학 철학의 인문학에 바탕을 둔 HanSatiM의 보급과 활용에도 상당한 기여를 할 것이라 여겼다. (논문 초록 중)

나의 이러한 연구의 밑바탕에는 어릴 적부터 일기를 써온 나의 자기치유활동이 내 인성함양에 어떠한 영향을 끼치고 자기치유에 이바지하는가 하는 물음에 대답하고 있다고 할 수 있겠다.

스토리가 있는 삶, 대단한 업적은 아니어도 그저 하고 싶은 이야기를 그 시대의 흐름과 공부하고 있던 것들과 느낌을 적어 보려했으나 시간이 훌쩍 지나고 보니 그때 나눴던 이런 아이는 결국 어린아이였고 지금도 성장하지 못한 채 나이만 먹어가고 반복되는 유무형의 패턴을 발견한다.

그 나이 때 느낌과 울림은 단지 나에게 하늘의 소리를 들을 수 있는 기회를 주었지만, 그 당시 상황과 여건은 그 일이 되어지는 것에 허락하지 않았다. 모든 것이 때가 있듯이 45세 이전에 내 이름으로

된 책 출간하는 목표를 11월 개명으로 0세가 된 듯하고, 초등학교 반장의 신개념 나이계산법[2]으로 44,8세 꼭 맞춤하는 행운을 얻었다.

일기를 시작한 것은 초등학교 운동장조회 때 일기를 잘 썼다고 상 받는 사촌 여동생, 5학년인 선배를 통해 "나도 일기를 잘 쓰면 상을 받을 수 있겠다."라고 여기고 지금까지 일기를 쓰면서 살아왔다.

그 후 밤마다 2~3시간 동안 '이런 아이가 있었다'라고 명명하고 출판업에 종사했던 지인께 퇴근 후 이야기 나눴던 때가 있었다. 정보통신기술자로 30년을 넘게 살면서 동시에 자기치유로의 인성치유학을 만나기까지 20년이 넘도록 요가명상, 사회복지, 그리고 코칭과 대체의학 등 통합과 융합의 길에 함께 있었다.

이 책은 꾸준한 일기쓰기를 통해 끊임없이 자신을 되돌아보게 하여 올바르고 정신이 건강한 청년, 사회인으로 밝은 미래를 꿈 꿀 수 있다는 생각에 내놓게 되었습니다. 부족한 점과 개인 치부가 많으니 부디 혜량해주시고 격려해주시면 더욱 성장할 수 있는 발판으로 삼겠습니다.

지난 9월 15일, 의재오상열의사선양회 초대회장이신 아버지와 그보다 13년 전 소원을 이루신 어머니, 두 분께 이 책을 바칩니다.

2020년 초겨울

저자 오 준 영

---

2) 나이계산법 = 현재 본인 나이 * 0.8(56*.08=44.8)

<서문>

될성부른 나무의 떡잎부터 다른 스케일

김 순 진(문학평론가 · 고려대 평생교육원 교수)

오준영 박사님을 만난 것은 참으로 행운입니다. 박사님을 알게 된 것은 우연한 일입니다. 그는 적극적이고 활달하며 스승님의 일을 자신의 일 이상으로 해결하려는 솔선수범하는 순수한 사회인이었습니다. 함께 글을 쓰며 함께 활동하고 있는 안산의 이윤수 시인께 소개받았다고 하면서 『남촌현대물상론』이란 역작을 출판하실 김대영 교수님을 소개하셨던 것입니다. 그 과정에서 박사님은 일련의 과정을 모니터링하여 그 과정을 교수님과 공유하는 등, 주인의식을 갖고 일처리 하는 모습은 오준영 박사님만의 특색 있는 희망의 아이콘으로 여겼습니다. 한참 후 그동안 모아둔 일기장을 가져와 책을 만들어달라고 하였습니다.

오준영 박사님은 '책을 펴내며'에서도 말하고 있지만 45세 이전에 책을 펴내고 싶었다고 말합니다. 그런 꿈을 가지고 우리 출판사에 어린 시절 꿈과 삶이 고스란히 쓰여져 있는 다양한 형태의 일기장 십여 권을 접하였을 때 나는 가슴이 먹먹하였습니다. 그 일기장에는 아주 사소한 것들이 적혀 있지만 결코 사소하지 않는 내면정신이 짙게 깔려 있었기 때문입니다. 부모님 말씀을 잘 듣는 시골 소년이 L.D,S(예수그리스도후기성도교회, The Church of Jesus Christ of Latter-day Saints)를 통하여 하나님을 알게 되고, 하나님의 크신 사랑을 배우고 실천하고 있는 과정을 읽으며 가슴속 깊은 곳으로부터 올라오는 무언가를 느꼈습니다.

이에 나는 시골 농촌 소년의 꿈이 어떻게 실현되고 어떤 도전의 과정을 밟는지 세상 사람들에게 보여주고 싶었습니다. 오준영 박사는 소위 무에서 유를 창조한다는 도전정신의 롤 모델입니다. 늘 학비가 모자라고, 끼니를 아껴 책을 사야하는, 준비물 살 돈이 없어 친구들에게 도화지 한 장을 빌려 쓰며 크레파스를 함께 써가면서도 꿈을 저버리지 않았던 소년 오준영, 그의 일기장에는 가문에 대한 자긍심, 어른에 대한 공경심, 하나님에 대한 복종과 경외심, 그리고 그렇게 척박한 환경에서도 꿈을 향해 나아가는 콜럼버스 같은 도전정신이 들어있었습니다. 오늘도 그 시절의 꿈과 희망은 반복되고 있습니다. 이에 나는 그의 책을 세상에 내놓기로 결정하였습니다. 그리고 지금 반 년 이상 동안 그의 책을 매만지며 그의 유년시절을 통하여 누구나 꿈을 실현할 수 있다는 동기를 부여받고, 이 긍정적 친화력과 도전적 에너지, 그리고 이웃 사화와의 융화 메시지를 다른 사람들과 공유하고저 합니다.

이 책은 크게 6부로 구성하였습니다. 1부는 초등학교 때 쓴 일기입니다. 그는 '책을 펴내며'에서도 말하고 있지만 그리 공부가 뛰어난 학생은 아니었습니다. 마땅히 상을 받을 만한 실력도 갖추지 못했고, 부모님의 뒷바라지도 시원찮았던 그는 '상을 받을 길은 오직 일기를 쓰는 것'이라고 판단했다고 합니다. 선생님으로부터 교장선생님의 직인이 찍힌 상을 받고 싶었던 꿈은 그를 치유학박사라는 학위와 수많은 자격증의 소유자로 밀어올렸던 것입니다.

2부는 중학교 때 쓴 일기입니다. 이 시기의 일기를 읽어보면 차츰 큰 세상으로의 동경심이 나타나고 L.D,S 교회에 나가기 시작하는 과정에 있습니다. 오직 부모님과 조상만 있는 줄 알았던 소년 오준영에게 하나님이 존재하신다는 믿음은, 촌티 나고 어리숙한 시골아이였던 그를 내적으로 성장시켜 '세상은 함께 살아가는 공동체'라는 것을 가르쳐주는 크나큰 기회가 되었을 줄 압니다. 그리하여 그는 하나님이 만드신 이 아름다운 세상에 미력하나마 하나님의 종으로 살아야겠다는 마음을 다잡아 고등학교에 진학하게 됩니다. 문장 실력이 차츰 체계를 갖추고, 판단이 명확해지며, 꿈에 대한 막연한 상상을 현실화하려는 과정은 눈여겨볼 대목입니다.

3부는 그가 고등학교 때 쓴 일기로서, 고등학생 그는 자신을 낳아준 부모님과 외가, 삼촌 등의 일가친척에 대한 감사함을 느끼며 척박한 환경을 딛고 일어서 나아가야 한다는 의지를 세우게 됩니다. 뿐만 아니라 하나님을 믿는 자로서 평생의 신앙이 이때 그의 내면에 확고히 자리 잡게 됩니다. 구체적인 직업이나 삶의 방향은 정해지지 않지만, 정의를 위해, 그리고 이웃을 위해 인생을 살아가야겠다는 투철한 의지가 그의 내면에 자리 잡게 됩니다. 하여 부모님이나 일가친척에 대한 감사의 말이 자주 나오고, 할아버지, 즉 조상과 가문에 대한 자긍심이 커져 순국선열이신 증조부님과 같은 시절이 아니라 독립운동은 못하더라도 조국과 민족을 위하여 세계평화와 민주주의 완성, 그리고 인류의 행복한 사회를 만드는 공동의 소망에 대하여 관심을 가지게 됩니다.

4부는 대학생활 때 쓴 일기로, 보다 자유로운 영혼으로 학교생활과 신앙생활에 매진하며 집을 떠나 있는 삶속에서 부모님에 대한 고마움과 노고를 느끼는 시기였으며, 직업과 직장에 대한 결정의 시기였다. 시공, 감리, CM, 기획 등 관리자로 살아갈 수 있는 밑거름을 놓게 됩니다. 건설현장에서 잔뼈를 굵게 하면서 지도력 겸비한 원만한 성품으로 리더의 기질을 배워나가게 하는 원동력이 됩니다.

5부는 사회인으로 바라본 세상에 대한 관점의 일기입니다. 나는 무엇을 하고 있으며 앞으로 내 창대한 인생을 무엇을 위해 살아가야 하는가에 대한 질문과 대답이 일기 안에 쓰여져 있습니다. 그리하여 그는 이 청년시기에 쓴 일기를 통하여 끊임없이 공부하는 사람, 사회에 봉사하는 사람, 웃음을 잃지 않고 치유하는 사람이 되고자 했을 것입니다. 이는 사상이 바르고 행동이 올곧으며, 후일 지도자로서의 덕목을 쌓는데 큰 밑거름이 되었다고 보여집니다.

6부는 오준영 박사께서 그동안 걸어온 길의 흔적을 모아보았습니다. 이처럼 열심히 사는 것은 타인들에게 귀감이 될 수 있을 것 같아 추천하는 마음으로 실었습니다.

이상에서처럼 그의 일기장을 여러분께 소개해드렸습니다. 일기를 쓰는 것은 여러 가지 장점이 있습니다. 첫 번째로는 반성의 기회를 줍니다. 두 번째로는 꿈을 실현할 수 있게 도와줍니다. 세 번째로는 문장 실력을 튼튼하게 해 학자로서 살아가게 합니다. 오준영 박사님은 우람한 떡잎이 힘차게 올라오는 될성부른 나무였습니다. 어렸을 때부터 써온 일기장을 통하여 우리는 그가 끈임 없이 자신을 되돌아보며 반성하고 통찰하여, 꿈을 실현해나가는 과정을 우리는 확인하였습니다.

마침내 치유학박사가 되어 우리 곁에 돌아온 그는 오랫동안 건설 현장에 있으면서도 수많은 자격증으로 사회에 봉사하며 소통했던 저자를 보면 대답은 분명해집니다. 일기 쓰기는 공자와 같은 수많은 스승님을 초빙하여 나를 성장시킬 최고의 기회입니다. 이처럼 자신의 치부를 드러내 되돌아보며 삶의 목적을 반복되는 패턴을 통해 발견했다고 저자 자신이 밝혀주었습니다. 이러한 일기장을 우리에게 꺼내 주셔서 꿈을 향해 나아가는 방법을 제시해주신 오준영 박사님께 큰 박수를 보내드립니다. 축하합니다.

CONTENTS

2부. 중학교 일기 1978년 6월 ~1981년 2월

3부. 고등학교 일기 1981년 2월 ~1984년 2월

4부. 대학 일기 1984년 3월~1986년 2월

5부. 사회인으로 1986년 4월 ~1990년 8월

6부. 오준영이 걸어온 길

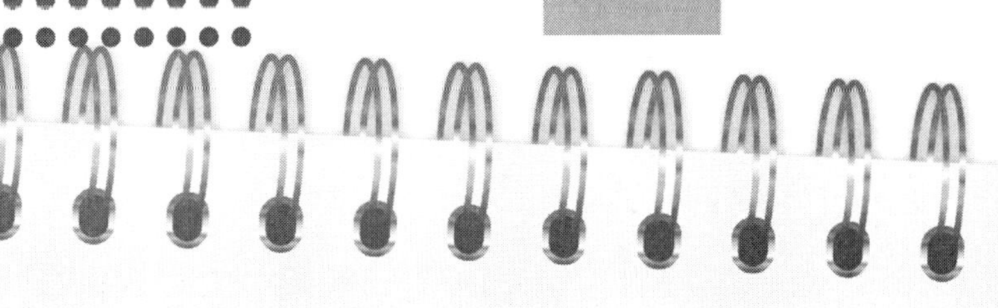

1부

초등학교 일기

1976년 2월 ~ 1977년 5월

가장 재미있는 사회 과목

- 1976년 3월 4일 화요일. 흐림.

오늘 수업이 어느덧 끝나고 사회 시간만이 남아 있는 것이다.
끝 종 벨이 울렸다.
아이들과 놀고 있으니까 시작 종 벨이 울렸다.
나는 곧 교실로 들어왔다.
들어와서 조금 있으니까 선생님이 들어오셨다.
선생님이 사회책을 내라고 했다.
나는 사회 책을 책상 위에 올려놨다.
사회책을 가지고 공부를 했다.
선생님하고 공부하면서 재미있게 공부하였다.
나는 사회 과목 공부하는 시간이 제일 즐거운 수업시간이다.

엄마가 아침 일찍 밭 매러 가신 날

- 1976년 3월 10일 수요일. 맑음.

오늘 아침 일찍 일어나보니 어머니가 방에 안 계셨다.
나는 어디 가셨나 하고 방문을 열어서 이리저리 살펴보았다.
찾아보니 부엌에서 밥을 지으시고 계셨다.
나는 웬일로 밥을 이렇게 일찍 하냐고 물어보았다.
오늘 아침에 밭에 가신다고 하셨다.
나는 이것이 아니다.
혹시 장에 가시려고 그런 게 아닌가 생각했었다.
그런데 어머니는 진지를 자시고 밭을 매러 가셨다.

모래 나르기

- 1976년 3월 25일 목요일. 맑음.

오늘은 푸대를 가지고 와서 모래를 나르라는 선생님 말씀이었다.

그 전날 푸대를 가지고 오라는 것도 그 이유였다.

처음에는 줄을 지어서 갔으나 나중에는 줄을 짓지 않고 그냥 자기 마음대로 다니고 있었다.

나는 선생님께 꾸중을 얻어들을 것 같아서 나는 줄을 서 있다가 가니까 나중에는 나 혼자만 남았다.

나도 에라 모르겠다.

그냥 모래를 날랐다.

나는 모래를 3번 날랐다.

선생님의 가정방문

- 1976년 3월 31일 수요일. 맑음.

학교에 와서 노는 중에 시작종이 울렸다.
나는 교실로 들어왔다.
선생님이 바로 들어오셨다.
선생님이 막 들어와서 출석만 부르고
이제 곧 가정방문을 간다고 했다.
나는 우리 집도 곧 오시겠구나 하고 있었더니
오후 공부가 끝난 뒤에 오늘은 송살리 쪽으로 간다고 해서
나는 마음이 가라앉았다.

아프지 않는 예방주사 맞는 날

- 1976년 4월 14일 수요일. 맑음.

오늘 셋째 수업시간이었다.

선생님이 내일 예방주사를 맞는다고 말씀하셨다.

그러시면서 되도록 왼팔을 깨끗하게 씻고 오라고 했다.

나는 예방주사를 맞으려고 하니까 예방주사가 얼마가 아플까라는 이야기를 하면서 집으로 갔다.

나는 정말 아픈 줄 알았다.

그러나 그리 아프지 않았다.

미리 예단하지 말자.

못자리 하는 날

- 1976년 4월 23일 금요일. 맑음.

오늘 학교 수업이 끝나자 바로 집으로 갔다.

집에 가보니 동생이 있었다.

나는 동생에게 "아빠는 어디 가셨나?"라고 물었다.

동생 하는 말이 "어서 빨리 책보 놔두고 아빠가 논으로 오라."고 했다는 한마디를 하고 갔다.

논에 가보니 못자리를 하고 계셨다.

나는 논에 가서 아빠에게 "나는 뭘 할까요?" 하니까.

칼 좀 집어서 주라고 했다.

나는 얼른 칼을 가지고 아빠가 있는 데로 갔다.

"아빠, 칼은 어디에 쓰시려고요?"

연필이 부러지면 웃는다

- 1976년 5월 3일 월요일. 맑음.

나는 오늘 봉기, 준근이, 희영이와 같이 말을 하는데 서로 말이 안 맞아서 봉기가 희영이의 연필을 부러뜨렸다.

나는 영문도 모르고 갑자기 웃음이 나와서 웃었더니 선생님이 누가 웃었냐고 하니까 희영이와 준근이가 말해버렸다.

나는 할 수 없이 불려나가게 되었다.

나는 불려나가서 뒤에 손들고 앉아있으면서

다음부터는 가만히 있어야겠다고 마음먹었다.

이름 적힌 날

- 1976년 5월 25일 화요일. 맑음.

오늘 음악 수업 시간에 기주가 아이들을 적기 시작하였다.

'나도 적혔냐?'고 묻자 종이를 비치며 나한테 보라고 했다.

나는 살며시 살펴보니 내 이름도 적혀있었다.

나는 내가 떠든 것이 아니라

나는 가만히 있는데 종기가 먼저 말을 걸었다고 했다.

나는 화가 나서 종기를 때린 틈에 기주가 보고 우리를 적은 것이었다.

나는 다음부터는 떠들지 않기로 했다.

보리타작

- 1976년 6월 1일 화요일. 흐림.

아침에 학교에 가면서 동네아이들이 오늘은 보리타작[3]을 한다고 했다.

나는 보리타작을 왜 하느냐고 물어보니, 시험 본 애가 말했다.

나는 그것도 깜빡 잊고 그것을 몰랐었던 것이다.

학교에 와서 선생님이 시험지를 나누어주면서 10개 이상은 때리지 않았다.

나는 한 개만 더 맞았으면 선생님한테 매를 맞지 않았을 것인데 하고, 나도 공부를 잘해서 선생님한테 안 맞기로 다짐한다.

3) 시험을 못 보면 매를 맞는데, 그것을 그땐 보리타작이라 불렀다.

배 아픈 날

- 1976년 6월 4일 금요일. 흐림.

나는 어제 배가 좀 아파서 누워있었다.

누워있었더니 어느 틈에 잠이 들었다.

나는 학교 수업을 마치고 집으로 갈 때부터 아팠다.

나는 어떻게 숙제를 할까 생각했다.

그랬는데 잠이 들었다.

나는 오늘도 일어나 숙제를 좀 해보려고 했으나 배가 지금까지 아파서, 숙제를 하려고 마음을 먹어도 도저히 할 수가 없었다.

그래도 숙제를 열심히 하기로 했다.

새 잡는 날

- 1976년 6월 7일 월요일.

오늘 아침에 동네별로 모여서
학교에 오기 전에 새를 잡고 있었다.
나도 같이 잡고 있으니까 종오가 왔다.
다른 아이들도 가자고 했으나 종오가 더 있다 가자고 했다.
나도 그 말에 찬성했다.
다른 아이들이 오자 새를 그만 잡고 학교에 갔다.
'새를 왜 잡았지?'

산수시간 · 1

- 1976년 6월 16일 수요일. 맑음.

오늘 산수시간이었다.

나는 선생님께서 질문을 할 때마다 마음이 찔렸다.

그 이유는, 사실은 내가 산수를 그렇게 좋아하지 않기 때문이다.

선생님이 이윽고 나한테 교단에 나가서 칠판에다 문제를 풀라고 했다.

나는 마음으로 문제를 그리면서 앞으로 나갔다.

나가서 문제를 풀기는 풀었으나 제일 늦게 풀었다.

나는 다음부터 산수를 잘하기로 다짐한다.

산수시간 · 2

- 1976년 6월 25일 금요일. 맑음.

오늘 산수시간이었다.

선생님께서 문제를 내면서 나를 지적했다.

나는 마음을 조이면서 일어섰다.

일어서니까 선생님께서 질문을 했다.

한 문제를 하고 나서 선생님 말씀이 몰랐으니까 '볼테기가 날아간다'[4]고 했다.

그런데 나는 선생님이 질문한 것을 맞히었다.

그래서 볼테기가 안 날아갔다.

나는 다음부터 산수 문제를 한 번에 맞히기로 다짐했다.

4) 따귀를 맞는 것

시험지 나누어주는 날

- 1976년 7월 13일 화요일. 맑음.

오늘 둘째 시간에 선생님께서 시험지를 나누어주었다.

나는 시험점수가 얼마나 되나 시험지를 보았다.

나는 시험지를 받고나서 보고 놀랐다.

시험점수가 많이 맞은 줄 알았더니 조금밖에 맞지 않았다.

나는 선생님한테 맞을 줄 알았더니 맞진 않았다.

나는 점수가 적게 맞은 것을 보고 다음부터는 공부를 더 열심히 하기로 했다.

깔 베는 규칙

- 1976년 8월 1일 일요일. 맑음.

오늘 부터는 규칙을 바꿨다.
다른 때는 형과 내가 냇가로 가서 깔[5]을 하나씩을 뜯었으나
오늘부터는 나도 한 푸대, 형도 한 푸대 뜯기로 했다.
그런데 오늘 형이 깔을 베지 않았다.
나는 먼저 깔을 베었기 때문에 나는 손해를 봤다.

5) 꼴의 전라도 방언.

그림그리기

- 1976년 8월 21일 금요일. 비.

나는 오늘 학교에 늦었다.
오늘 그림 그리기를 했다.
그리기를 했는데, 나는 1시간 안에 다 그리지 못했다.
그래서 점심을 먹고 바로 그림을 그렸다.
그래도 다 못 그렸다.
나는 그래서 5교시까지 그려서 조금 늦었다.
나는 다음부터 그리기를 잘해서 한 시간 안에 그리기로 했다.

환갑잔치와 어려운 글짓기

- 1976년 8월 22일 일요일. 비.

오늘은 우리 동네에 환갑잔치가 있었다.
나는 아침부터 환갑잔치에 하는 곳에 가려했는데
내 숙제 정리하느라고 환갑잔치 하는 곳에 못 갔다.
지금까지 내가 한 숙제 중에서 글짓기가 제일 어려웠다.

개학날 숙제 못 다한 어려움

- 1976년 8월 23일 월요일. 맑음.

오늘은 헤어졌던 친구들과 선생님을 만나는 개학하는 날이다.
나는 학교에 가기 전에 책보를 싸고 나서 아침을 먹었다.
아침을 먹고 나니 나는 우선 생각 속에서 학교로 달려간다.
그 생각은 내가 숙제를 다 하지 못했기 때문이다.
숙제를 다 하지 못해서 선생님께 혼날까 걱정했다.
나는 방학 동안에는 숙제에 대해서 그런저런 생각을 갖지 않고 있었다.

퇴비

- 1976년 8월 30일 월요일. 맑음.

나는 오늘 풀을 검사한다는 말을 듣고 풀을 가져왔다.

나는 가져왔으나 우리 반 아이들은 한 명도 가져오지 않았다.

나는 퇴비를 솔찬히[6] 가져온 줄 알고 어깨가 으쓱하여, 집에 가면서 선생님한테 퇴비를 어디에 두느냐고 여쭤보았다.

6) '많다'의 전라도 사투리.

운동회 연습

- 1976년 9월 13일 월요일. 맑음.

나는 오늘 운동회 연습을 하였다.
운동회 연습을 할 때는 먼저 몸을 잘 풀어야 운동하기가 쉽다.
나는 오늘 몸이 잘 풀어져서 운동연습을 잘 하였다.
나는 신세기체조를 할 때 선생님한테 주의를 받지 않았다.

시험 성적 78개

- 1976년 10월 8일 금요일. 맑음.

나는 오늘 9월말 일제고사 본 다음 시험지를 받았다.

나는 시험지의 개수가 몇 개나 되나 보았다.

시험지를 보니 78개로 떴다.

그래도 나로서는 잘한 편이다.

곰곰이 생각해보았지만 지난번보다는 더 올라가서 기분이 좋았다.

나는 다음 10월에 시험 볼 때는 시험을 더 잘 봐야겠다고 마음먹었다.

제 호

상 장

제 5 학년

오중영

위는 평소 성실 근면하여 본학년 동안 개근 하였기로 이에 표창함

1977년 2월 24일

삽도 국민학교장 류인태

정월대보름

- 1977년 3월 4일 금요일. 눈.

나는 아침 6시 10분에 일어났다.

내가 일어나보니 아빠 엄마는 큰 집에 가시려고 옷을 단장하고 계셨다.

나도 세수를 하고 나서 옷단장을 하였다.

옷단장을 막 마치니까 밥상이 들어왔다.

밥상 위에 콩과 섞인 찰밥을 보고 아빠에게 여쭤보았다.

왜 오늘은 찰밥이냐고 물으니까 오늘은 정월대보름이라고 말씀하셨다.

나는 그제야 오늘이 정월대보름이라는 것을 알게 되었다.

인사 잘하기

- 1977년 3월 5일 토요일. 흐림.

오늘 나는 할 일을 빠뜨렸다.

어제 선생님께서 말씀하신 것이 생각났다.

선생님께서 내일부터는 엄마 아빠한테 인사를 잘 하라고 했다.

"학교에 다녀오겠습니다."

또 "학교에 다녀왔습니다."하고 반드시 인사를 하려고 했는데, 나는 엄마 아빠한테 인사를 하지 않았다.

학교에 오니까 선생님께서 엄마 아빠께 인사를 드린 사람은 손을 들라고 물으셨다.

나는 손을 들지 않았다.

다음부터는 인사를 잘 하기로 하였다.

매를 맞지 않음

- 1977년 3월 10일 목요일. 맑음.

오늘 오후 여섯째 시간의 일이다.
한 친구가 떠들어서 선생님 눈에 띄었다.
선생님께서는 반장에게 매를 만들어오라고 했다.
반장이 매를 가져오자 그 아이는 불려서 앞으로 나갔다.
선생님께서는 옷을 걷으라고 했다.
그 친구는 매를 맞는 순간 피가 났다.
종아리에 피가 나자, 선생님께서는 꿇어앉으라고 했다.
오늘 선생님께서 매를 든 것을 보고 눈물이 핑 돌았다.
그날 대나무 매는 모두 부러지고 선생님께서도 함께 우셨다.
그런 모습, 처음이었다.
그래서 나도 눈물이 핑 돌았던 것이다.

레슬링 선수가 되고 싶다

- 1977년 4월 7일 목요일. 맑음.

나는 '레슬링 선수'가 되고 싶다.

오늘 수업시작 4교시 시간이었다.

선생님께서 내 이름을 부르며 '레슬링 선수가 될 수 있겠다.'라고 하셨다.

나는 그 선생님 말씀에 복종하겠다고 생각했다.

이유는 간단하다.

나는 레슬링으로 내가 못 이겼던 모든 아이들을 누르고 싶다.

내가 만약 레슬링 선수라면 아이들이 쩔쩔맬 것이다.

나는 선생님께서 내게 말씀하신 것만 해도 다행으로 알았다.

형십이와 순기가 싸웠다.

내가 둘의 싸움을 말렸다.

개구리무덤

- 1977년 4월 21일 목요일. 맑음.

나는 토끼풀을 뜯다가 옆을 보니 개구리가 놀고 있었다.

나는 속으로 '오리한테 갖다 줘야지.'라고 생각하고 개구리를 잡았다.

개구리를 집어서 땅에 내던지니까 개구리가 기절을 했다.

나는 오면서 개구리가 불쌍한 생각이 들어서 개구리무덤을 만들어 주었다.

나는 개구리 무덤 앞을 하루에 한 번이라도 가서 '누가 손대지 않았나 봐야지.'하고 생각했다.

받아쓰기 시험

- 1977년 5월 19일 목요일. 맑음.

오늘은 받아쓰기 시험을 보았다.

시험문제가 아주 쉬웠다.

시험보기 전날 열심히 공부를 한 까닭인지 누워서 떡먹기보다도 더 쉬웠다.

시험이 다 끝났다.

선생님께서 시험지를 짝과 바꿔서 점수를 매기라고 하셨다.

나는 형섭이와 시험지를 바꿨다.

점수 매기기가 다 끝나자 나는 내가 몇 개나 맞았나 하고 형섭이 자리를 힐끔 쳐다보았다.

시험지에는 10개라는 아라비아 숫자가 있었다.

백점을 맞은 것이다.

나는 '앞으로 공부를 해두는 것이 좋겠구나.'하고 생각했다.

다음부터는 미리미리 공부를 해두었다가 계속 10개씩 맞을 것이다.

문병

- 1977년 5월 20일 금요일. 맑음.

오늘은 학급어린이 회의가 있는 날이다.

여섯 째 시간 벨이 울리자 회의를 시작했다.

제일 나중에 '기타사항'을 할 때 종태가 홍기의 문병을 가면 어떻겠냐고 묻자 모두 재청, 3청, 4청…….

무수히 나올 정도로 모두 찬성했다.

회장은 이에 대해 의견 있으면 말을 하라고 할 때 선생님께서 대신 회장이 되어 홍기 문병에 대해 물어보셨다.

우리들은 모두 찬성했다.

돈을 얼마씩 걷느냐고 하니까, 아이들이 20원씩 걷자고 하였다.

선생님께서는 목표액을 20원으로 정하고 내일 홍기 문병가기로 했다.

나는 홍기 문병갈 때 나도 갔으면 했다.

제 96 호

상 장

개근상　　　제 6 학년 3 반

오 중 영

위는 평소 성실 근면하여
본학년 동안 개근하였기로
이에 표창함

1978년 2월 18일

삼도 국민학교장 류 인 태

쥐가 물어간 토끼새끼

- 1977년 5월 29일 일요일. 비.

내가 일어나서 토끼장 앞에 다가서니 토끼새끼가 죽어있었다.

왜 토끼가 이 모양이냐고 어머니께 물어봤다.

어머니께서는 쥐가 물어가고 10마리에서 2마리밖에 남지 않았다고 말씀하셨다.

'이놈의 쥐 내 손에 걸리기만 해봐라'

나는 혼잣말을 하고 세수를 하러 갔다.

세수를 하고 있으니까 아버지가 오셔서 이렇게 말씀하셨다.

'중영아 실망마라. 새끼는 또 나지 않느냐? 실망하지 마라.'고 말씀하셨다.

나는 실망을 하지 않는다고 말했다.

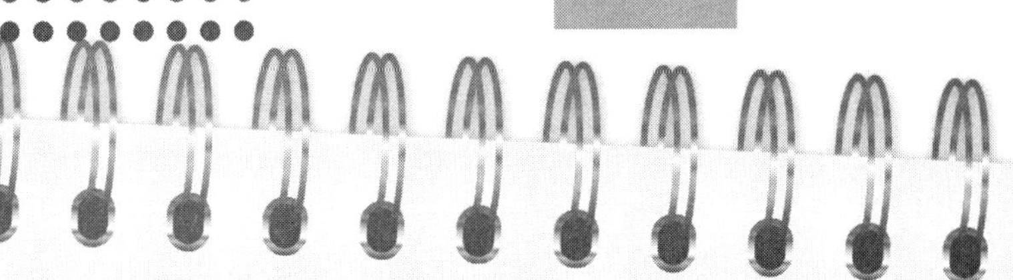

2부

중학교 일기

1978년 6월 ~ 1981년 2월

6.25 특집방송

- 1978년 6월 25일. 비.

"아! 어찌 우리 이 날을 잊으랴. 조국의 원수들이 짓밟아오던 날을 맨 주먹 붉은 피로 원수를 우리는 막아냈다."

오늘은 6.25, 28주년을 맞이한다.

마침 일요일이다. 우리 식구는 고구마를 심으러 밭으로 간다.

고구마 싹을 다 심고 집으로 왔다.

라디오를 켜보니 "6.25 특집 방송"을 하면서 거창하게 나왔다. 한참 듣고 보니 코끝이 찡했다.

그것도 그럴 것이 사람을 자기들 마음대로 때리고 죽이고 하는 것이었다.

그들은 부모 형제도 없나 보다.

나는 6.25로 삼행시를 썼다.

6. 25가 벌써 28주년이나 되는데

2. 북 놈들은 왜 손을 잡으려 하지 않는지

5. 지 않아도 될 간첩 놈들만 내려 보내니, 너희들 빨리 없어져라.

좋은 일을 하자

- 1978년 7월 3일. 맑음.

우리 보리를 다 베고 앞에 나가서 쉬고 있는데 어디선가 소울음소리가 들렸다.

고개를 돌려 소울음소리가 나는 쪽을 보았다.

소가 뛰어왔다.

나는 침착하게 소를 잡아서 소 주인에게 가져다주었더니 고맙다는 말을 했다.

나는 너무나 황송했다.

나는 계속 이렇게 좋은 일을 하겠다.

끈기를 이기는 글씨 쓰기

- 1978년 8월 2일. 맑음.

나는 인내, 끈기, 용기가 없나 보다.

내가 하고자 하는 일이 마음대로 되지 않는다. 왜 그럴까?

나는 곰곰이 생각해보면 다른 이유는 없을 것 같다.

인내, 끈기, 용기 이 세 가지가 부족하기 때문인 것 같다.

우리나라 몇 대 재벌들도 모두 검소, 절약과 인내, 끈기, 용기로써 이룬 열매인데…….

왜 난? 왜 난? 이렇단 말인가 왜?

나는 맹세한다.

우선 끈기로써 노력해서 그 다음에 인내로 이루어 용기로써 처리해 나가야겠다고 굳게 맹세했다.

나는 끈기를 이기려면 우선 일기를 꾸준히 쓰겠다고 생각했다. 실천도 해야겠다.

지금은 방학이니까 열심히 노력해야겠다.

무슨 일을 시작하면 끈기로서 마무리를 지어야겠다

나는 왕골을 째는데 잡아주러 다닌다. 그것도 농촌 사람이라면 못할 사람이 없을 것이다.

나는 방학동안 내 생각과 같이 되기를 인내, 끈기, 용기로써 기대한다.

가뭄대책

- 1978년 8월 4일. 맑음.

요즘은 너무나 가뭄이 드는 것 같다.

밭곡식이 다 타는데도 하나님은 비를 내려주지 않는 것이다.

아무리 지금 왕골[7]을 하고 있다가 비가 와서 쓰러진다 하더라도 그 주인도 좋을 것이다.

자기도 밭이 있고 농사를 지으니까 전부터 천수답에는 물이 빠져서 벼가 타고 있다는 사실과 다 된 곡식이 그렇게까지 해서 버릴 수는 없는 것이다.

우리는 모두 가뭄 대책에 앞장서야겠다.

7) 왕골로 만든 비옷

왕골 묶는 날

- 1978년 8월 7일. 비.

오늘 날씨가 좀 심상치 않았다.

날씨가 흐렸다.

마침내 비가 내렸다. 집에서는 소동이 벌어졌다.

우리 집은 왕골[8] 농사를 짓는데, 소동 중에서도 가장 중요한 것은 왕골이 쓰러지지 않게 방지하는 것이 가장 중요했다.

아빠께서는 자전거를 타고 먼저 왕골을 묶으러 가셨다.

뒤이어 나도 아빠를 따라서 갔다.

그래도 바람은 없어서 쓰러지지는 않았다.

아빠께서는 열심히 어디가 쓰러지나 나한테 보라면서 묶으셨다 그 속력은 참 빨랐다.

비가 개었다 비는 개었어도 하늘은 컴컴해서 곧 비가 내릴 것만 같았다.

아빠께서는 나 먼저 가라고 하셨다.

집에 오면서 생각했다. 이 비가 밭곡식이나 기타 작물들이 모두 해갈되었으면 했다.

8) 왕골을 논에 심어 기르는데, 돗자리, 모자, 비옷 등을 만든다.

매몰된 논

- 1978년 8월 20일. 비.

나는 명곡을 가기로 하고 낮밥을 먹고 갔다.

그런데 숲에 가는데 미루나무가 전깃줄에 매달려있었다.

또 저만치 가서 보니까 풀이 패어나갔다.

장마에 정말 많은 피해가 온 것이다.

그리고 논에 도착하니 우리 벼가 쓰러져 있었고 논에는 매몰된 곳이 더러 있었다.

정말 큰 피해였다.

개학하는 날

- 1978년 8월 21일. 맑음.

오늘은 개학이다.

이제는 새로운 마음으로 방학 기분을 버리고 새 출발하는 뜻으로 일어나야한다.

학교에 갔더니 친구들도 많이 와있었고 모두가 새 출발의 각오로 와 있었다.

학교를 둘러보니 잡초는 무성히 자라고 거미줄은 자기 멋대로 커 가고 있었다.

우리는 청소를 했다.

이런저런 이야기로 넷째 시간을 보내고 집으로 왔다.

나는 참 흐뭇했다.

선생님 생각

- 1978년 9월 2일. 토요일.

"산은 옛 산이로되 물은 옛물이 아니로다,
주야(晝夜)에 흐르거든 옛 물이 있을손가
인걸(人傑)도 물과 같도다 가고 아니 오는 것은."

- 황진이

나는 이 시를 읊어보며 선생님 생각했다.

선생님은 국민학교 6학년 1학기에 가르치시고 2학기 때에 전근 가셨다. 선생님한테서 답장이 오질 않는다. 웬일일까? 혹시 다른 곳으로 전근가셨을까? 나는 이런 생각만 하면 슬픔이 앞선다.

왜냐면 지금껏 계속 소식이 끊어졌기 때문이다.

시를 짓다

- 1978년 9월 4일. 맑음.

농약을 하다가 미루나무를 보았다.
자세히 보고 있으려니까 시를 하나 읊을 것 같았다.
그래서 생각한 끝에

미루나무 가지

바람이 불면 잎사귀는 스르륵, 스르륵 노래 부르고
가지도 함께 춤을 춘다
춤과 노래를 들으니 마음이 한결 부드럽다

* 나는 이 시를 짓고 이 시를 다듬고 다듬어서 좋은 시를 만들겠다고 마음먹었다.

흉년으로 감자농사를 짓다

- 1978년 9월 7일 목요일. 맑음.

올해는 우리 논이 흉년이다.

그래서 그러는지 아버지께서도 기분이 좋지 않으시고 마음이 우울하시다.

그래서 오늘은 '밭' 이야기가 나와서 이야기했는데 엄마께서 흉년이 들어서 감자농사를 해야겠다는 것 같다.

밭을 얻어서 거기서 감자를 심으시겠다는 것이다.

우린 4남매를 가르치시기 위해서 이 무더운 날씨에도 일을 하시며 어떤 역경에도 우리를 가르친다는 것이다.

나는 이런 아버지의 말씀을 듣고 어떤 일이 있더라도 부모님의 꿈을 이뤄드려야겠다고 생각했다. 죽는 한이 있더라도…….

누나의 친구가 온 날

- 1978년 9월 9일. 맑음.

일요일은 휴일이다. 그래서 내 마음대로 행동하려고 했다.

그런데 누나가 자기 친구를 데려왔다.

“아! 이제는 내 마음대로 못하게 되었구나.”하고 아빠께서 나에게 맡겨준 일을 하려고 하는데 누나가 참견을 했다.

나는 조금 싫었다.

그래서 나는 좋지 않은 소리를 했다.

그러나 나는 나의 할 일을 다 했다.

일을 다 하고 나니 내가 싫은 내색을 해서 조금 미안했다.

친구까지 와있는데 내가 한 소리가 친구의 귀에 들어가지 않았으면 하고 생각했다.

아빠의 건강이 걱정된다

- 1978년 9월 25일 월요일. 맑음.

집에 와보니 아빠께서 논에 가신 것 같다.

나는 교복을 벗은 후 일할 옷으로 갈아입고 나서 명곡으로 갔더니 아빠께서는 안 계시고 리어카만 있었다.

분명 벼를 묶으러 가신 것 같았다.

곧 그 길로 벼 묶으시는 곳으로 가니까 아빠께서는 벌써 와계셨다.

나는 "왜 고생하며 그곳까지 갔냐?"며 아빠께 물었다.

요즈음 들어서 아빠께서 몸이 좀 아프시다는 말씀을 듣고 가슴이 쓰렸기 때문이다.

나는 내가 리어카를 끌고 가겠다고 말하고 내가 끌고 왔다.

오늘은 532주년 한글날

- 1978년 10월 9일. 맑음.

오늘은 532주년의 한글날이다.

1446년에 시작하여 지금까지 고유의 결실인 한글을 사용해왔다. 그런데 요즈음 들어와서 상표, 게시판 등에 한자, 일어, 영어, 독어 등 다른 나라의 용어를 가져다 쓰고 있는데 하루 속히 고쳐야겠다.

카메라를 구입하기 위한 노력

- 1978년 10월 20일. 맑음.

우리는 그리 부잣집도 아니고 그렇다고 해서 아주 가난한 가정은 아니다. 그러나 요즈음 들어와서 돈이 달리기에 말없이…….

가정생활 이어가기에도 불편한 형편이라서 내가 하고자 하는 것도 내 마음대로 되지 않는다.

부잣집 같으면 몇 천원 어디에 쓰겠다고 조금 달라고 하면 주지만! 그러지 않을 집은 군것질이나 하는 학생들은 주지 않을 것이다.

나도 이번에 《학생중앙》 광고에서 보니까 「누구나 찍을 수 있는 카메라」란 글자가 몇 자 적혀 있었다. 나는 진즉부터 마음을 먹고 있던 것이라 살려고 주소까지 적어두었다. 그러나 넉넉하지 않은 살림에 돈 달라고 할 수도 없어서 나는 궁리 끝에 돈 벌 생각을 했다.

고모께서 "미꾸라지 두 근만 잡으면 2,600원 정도 된다고 하셨다. 나는 고랑, 고랑은 다 뒤졌다. 그러나 누군가가 먼저 선수를 쳤기 때문에 미꾸라지가 나올 생각을 않는 것이다.

나는 그래서 그만 잡고 말았다.

내가 생각한 바로는 되지 않은 것이다. 내가 마음먹은 것이 10월 달 안에 그걸 사고 말겠다고 마음먹었는데 벌써 중순이 넘었다. 어떻게 할까? 궁리하는데 방법이 없다. 돈 달라고도 못하고…….

반공시간

- 1978년 10월 25일. 맑음.

'친구들 간의 사치스러운 말과 반공선생님과의 감정'

반공시간이었다.

나는 반공선생님이 조금 마음에 맞지 않는 데가 있다.

지난번에 담임선생님을 도덕교에 자전거로 태워다드리고 오는 길에 반공선생님과 교장선생님, 교감선생님, 등 각 선생님이 가고 계셨다. 인사를 하려는데 너무나 세게 발판을 밟아서 브레이크를 잡자니 엎어질 것 같고 뛰어 내리자니 저만큼 가서 내릴 것 같았다. 미안함을 표하고 가려는데 반공선생님께서 '저 놈 선생님 보고 인사도 안 해?'라고 하면서 노려보았다.

다음 날 월요일 반공시간에도 그 이야기가 들썩들썩했을 때도 마음이 좋지 않았는데, 오늘도 그 말이 나오지 않을까 망설였다. 선생님 말씀이 '그때 숙제 낸 것 관부부터 한다. 실장, 지적해봐' 하셨다. 그러자 실장이 '총무부장 말 전해'하고 말했다.

처음에는 일어나지 않고 생각에 잠겼다. '총무부장이란 명칭만 붙였지 행한 일도 없고 해서 저번 HR시간에 내가 총무부장을 하지 않고 다른 학생한테 하라고 해도 하지 않는다고 했다.'

나는 그때 일로 지금 일어나지 않고 있는 것이다.

반공선생님의 음성은 점점 거칠어졌다. '어떤 새끼여? 빨리 안 나와'하셨다. 그러나 나는 일어나지 않았다. 저번에 내 대신 하란 학생이 일어날지 몰라서 있으니까 일어나지 않았다. 그래서 나는 어쩔 수

없이 일어났다.

그러자 '너 이 새끼! 왜 인제야 일어나, 저 새끼가 선생님 보고 인사도 하지 않은 놈 아니야!'하면서 그때 일을 또 꺼냈다. 나는 '제가 총무부장 아녀요, 이제 하지 않아요.'하니까 '너 이 자식 이리 나와' 해가지고는 빰을 때리고는 꿀밤을 때렸다. 나는 정말 억울했다.

수업이 끝나고 선생님께서 "야 너 이리 따라와."하면서 교무실로 데리고 가셨다. 나는 따라서갔다.

선생님께서 주의 말씀과 주장 말씀을 하시고 돌려보내주었다.

나는 망설였다. 교실에 들어오기가 좀 쑥스러웠다.

* 나는 아들만 보고 선생님의 역할을 알아챈 것이 아니라 이미 나의 학창시절에서 경험했기에 아이들 학창시절 선생님으로부터 한 학생의 영화가 시작된다는 것을 말해왔었다.

참으로 선생님의 역할은 중요하다.

- 2020년 8월 18일 새벽 5시.

배 아프신 외할머니 대신 밭에 재 뿌리기

- 1978년 10월 27일. 비.

외할머니 댁에 갔다.

가서 막 부엌에 들어서려는데 '누구냐'하는 힘없는 외할머니의 가느다란 목소리가 들렸다. 아무래도 이상했다. 빨리 방 안으로 들어가 보았다. 밥상은 그대로 있고 외할머니께서 방 안에 앉아계셨다.

어딘가 편찮으신 것 같아 어디가 아프시냐고 묻기도 전에 "아이고 배야, 배가 아파 죽겠구나, 어째서 왔냐?"하니 "그냥 들렀어요."라고 말했다.

외할머니는 밭에 재[9]를 내야한다는 말씀이었다.

그냥 집으로 오려고 했는데 그러시는 외할머니를 봐서라도 조금이라도 재를 내어주고 오겠다고 마음먹고 외할아버지와 함께 재를 내는데 왜 외할머니께서 안 하시겠는가!

'왜 이렇게 늙은 할머니를 고생시키는 것인가 삼촌들은 무엇들 하는 거야 늙은 아버지 어머니 모시지 않고 말이야'

나는 이렇게 생각하고 나 할 일 하고 집으로 왔다.

9) 그 시절에는 아궁이에 불을 때고 그것을 잿간, 즉 화장실에 두어 배변을 덮었다가 밭에다 뿌려 그 거름으로 곡식을 키웠다.

혼나는 강아지와 달걀

- 1978년 10월 29일. 맑음.

강아지 하는 짓과 귀여운 것이 눈에…….

오늘은 일요일이고 해서 늦게까지 자고 있었다.

잠귀에 무슨 요란한 소리가 들렸다.

호기심이 많은 내가 안 볼 수가 없었다.

그것 때문에 잠에서 깨어났다,

가만히 듣고 보니 강아지가 달걀을 까서 버렸다는 것의 내용이었다.

그것 때문에 강아지는 맞고 있었다.

강아지를 보고 있는 나로서는 불쌍했다.

나는 이런 것을 보지 않아야 하는데…….

언제나 떨리는 시험

- 1978년 10월 30일. 맑음.

월요일에 학교 가는 날은 마음이 떨린다.
학교에 가보니 많은 학생들이 와 있었다.
오늘은 시험도 보고 그러는데 떠들썩했다.
나는 자리에 앉았다. 날씨 탓인지 몸이 떨렸다.
나는 시험만 본다고 하면 마음이 떨린다.
그래서 나는 언제나 한마디만 하고 입을 봉해버린다.
시험을 잘 봐야 되는데 어떨는지…….

'주위 환경을 깨끗이 하자.'

점동이와 조합에 간 날

- 1978년 11월 3일. 맑음.

돈을 쓰는 일은 끝이 없구나!

나는 오늘 점동이와 같이 조합에 갔다.

나는 저축을 하고 점동이는 노트를 사러갔는데 노트는 없었다. 나는 저축을 하고 나왔다. 점동이는 이만큼 나와서 또 다른 가게를 들렀다. 그리고 100원짜리 노트를 샀다. 그리고 나도 건전지를 샀다.

거기서 나와서는 또 저쪽으로 가서 가게에 들어가서 덴뿌라[10]를 사주었다. 이렇게 계속 돈을 쓰고는 가자고 했다. 나도 따랐다. 나는 가면서 생각했다. 점동이는 돈이 저렇게 많을까? '나 같으면 모두 저축하겠는데…….'하고 생각해보았다.

10) 튀김의 일본말

작은아버지 오신 날

- 1978년 11월 9일. 맑음.

자기의 기술을 발휘하는 것과 위험함!

오후에 청소가 끝난 다음이었다.

갑자기 저쪽 산 너머에서 하얀 안개 같은 것이 이쪽을 향해서 오고 있었다.

우리는 불안해서 바라보니 그것은 연막탄이었다.

집에 와보니 작은 아버지께서 오셨다는 것이다.

왜 오셨냐고 물으니까 사진 찍기 대회에서 1등 하여 상을 받고 오셨다는 것이다.

나는 옷을 갈아입고 큰 집에 가보니 작은 아버지께서는 오면서 시장하셨는지 누워계셨다.

나는 '오셨어요?'라고 말씀을 드리고 집으로 왔다.

오늘만큼은 아빠께서 소죽을 못 쑤게 되어서 시간을 지체할 수가 없어 집으로 그냥 왔다.

성공에 대한 결심

- 1978년 11월 17일. 맑음.

사람이란 항상 바빠야 무엇을 할 수 있다.

한 번에 하나씩만 하고

그것이 해결된 후에 무엇이든 시작해야 한다.

왜냐하면 항상 노력하기 때문이다.

나는 이런 것을 생각할 때 나는 내가 자랑스럽다.

더더욱 노력하여 성공의 길을 찾아 걸어서, 못 갈 길을 달려서 가고, 서서 못 갈 곳은 기어서라도 성공의 그날까지 최대한의 노력을 해야겠다.

능력개발 시험

- 1978년 11월 24일. 맑음.

조금도 쉴 기회를 주지 않는구나!

학교에 가보니 "시험을 본다고 한다."라는 말이 내 귀에 들어왔다.

나는 속으로는 조마조마했지만 '설마 무슨 시험을 본다?'고 '시험을 본다고 하더라도 예정도 없이 볼 리가 없다.'고 생각하고 마음을 가라 앉혔다.

종례시간이었다.

선생님께서 "오늘 능력개발시험을 본다니 준비하라."고 말씀하셨다. 그게 정말이었구나.

"왜 우리들을 조금도 쉬지 못하게 하는지"하고 생각했다.

감기 기운이 있다

- 1978년 11월 29. 맑음.

온도 차가 심한 때에는 감기에 조심해야겠다.
오늘은 어제와 달리 날씨가 하루 쾌청했다
학교시간 내에도 아무 이상 없었다.
그러나 바람은 심했다.
청소시간이었다. 놀다가 뛰니까 숨이 막혔다. 마스크를 꺼냈다
그것을 하니까 조금 나았다.
곧 감기가 들 것 같았다.
너무나 추웠기 때문이다.
추운 날은 함부로 활동하기가 힘들어진다.

12월의 결심

- 1978년 12월 1일. 맑음.

이제 1978년도 저물게 될 날이 한 달 남았다.

엊그제가 작년 크리스마스 날 같더니 벌써 다가왔다.

우리는 이 해를 보내고 다음 해를 맞이하여 생각과 각오를 해야겠다.

나도 내년이면 2학년이다.

엊그제가 입학식 날 같은데 벌써 이렇게 되었다.

내년에는 더욱 무한한 노력을 하여 20등 안에는 들 것을 다짐한다.

나이 먹기 게임

- 1978년 12월 6일. 맑음.

마음은 있었지만 행동이 되질 않는다.

우리는 청소 시간에 누가 시작했는지 모르지만 요즘에는 "나이 먹기"라는 게임을 한다.

그렇기 때문에 내가 빠질 수가 없는 것이다.

오늘도 그 게임을 하고 있는데 기술선생님께서 "야, 다모여."라고 했다. 우리는 도망쳤다.

가면서 "이렇게 도망치면 무엇이 해결될까"라는 생각이 들었다.

그러나 계속 아이들을 따라 교실로 오니 우리 선생님께서 벌을 주는 것이다.

"도망쳐서 늦게 잡히나 일찍 잡히나 벌은 같고 그러나 늦게 잡히면 벌이 더 무섭다."는 누군가의 말이 생각난다.

아버지 마음과 나의 다짐

- 1978년 12월 8일. 맑음.

책값과 노동이 뭔지!

선생님께서 "책값이 2천~3천 원이 될 것 같으니 자기가 살 책 대금을 서무과에 내도록……."이란 말을 하고 선생님께서 종례를 마쳤다.

나는 지금 내나 나중에 내나 똑같은 것이니 빨리 내기로 마음먹고 집에 와서 부모님께 "책값이 나왔어요."라고 말씀드렸다.

그랬더니 "그래 그러면 빨리 내야겠구나."라고 하셨다.

그래서 나는 "네, 월요일까지 내야겠어요."라고 말씀드렸다.

그러자 아빠, 엄마께서는 "알았다. 내가 요즘 왜 이렇게 공사에 다니는 줄 아느냐? 너희들 책값이라도 마련하기 위해서이다. 그러니 무슨 책이라도 사서 공부 열심히 해라."라고 아빠께서 말씀하셨다

나도 이렇게 말씀을 듣고 '열심히 해야겠다'는 마음과 '우리를 어떻게라도 가르치겠다'는 어버이의 마음을 깨뜨리지 않기로 마음먹었다.

보고 싶은 서상현 선생님

- 1978년 12월 9일. 맑음.

미루는 일과 맡아서 하는 일!

지금까지 나는 중학교 생활 내내 일기를 계속 써왔다. 그런데 오늘 깜빡, 무슨 일이 있었는지 어째서인지를 잘 모르겠다. 그런데 오늘 일기를 쓰지 않은 것이었다. 나는 미루었다. 나는 서상현 선생님한테 죄를 지은 것 같았다.

'내가 왜 일기를 계속 쓰기로 결정했느냐?'면 초등학교 때 선배 동생인 큰집 의숙이가 5학년 때 운동장 조회 시 교장선생님으로부터 일기 잘 썼다고 상을 받은 것이었다.

나는 공부로는 상을 못 받을 것 같아서 일기라도 써서 꼭 상을 받고 싶어서 일기를 4학년부터 쓰기 시작했고, 나의 다짐을 어느 일기 앞표지에 기록해두었는데 선생님께서 그 글에 응원 글을 남겨주셨던 것이다.

스승님의 그 말씀과 깨우침이었기 때문이다. 그러나 지금은 헤어져 소식도 전해주지 않으시는 것이다. 아! 망설여진다. 선생님이 보고 싶다. 계속 노력하여 스승님을 뵈어야지!

그리고 선생님을 생각해서라도 열심히 일기를 쓰기로 마음먹었다.

방콕 아시안게임

- 1978년 12월 14일. 맑음.

지금 나의 마음은 너무 설레인다.

방콕에서 제8회 아시안게임이 있다.

그런데 오늘 TV에서 이상한 것을 보았다.

사격에서 우리의 박종길 선수가 1위 북한 2위순으로 되어있는데 이상한 것은 "북한 선수가 우리의 애국가 퍼질 때는 같이 서 있다가 박종길 선수가 손을 같이 들자고 하자 뿌리치고 도망치는 일이 있었습니다. 왜 그랬을까요! 우리 한 번 생각해볼 문제인 것 같습니다." 라고 말했다.

나는 그것을 보고 "그것들은 아직도 남침 야욕을 버리지 않았구나, 그런 데서까지 그런 촌스러운 짓을 보였으니 말이다."라고 생각해보았다.

동짓날

- 1978년 12월 22일. 맑음.

동지에 즐기는 생활 풍습과 우리의 할 일 '방학'이다.

오늘은 동지다. 동지라 하면 뒤 따르는 것이 동지 팥죽이다.

학교에 갔다 오니 아빠와 엄마께서는 왕골돗자리를 짜고 계셨다.

아빠께서 "들어와서 이거 맛이나 보렴"하고 말씀하셨다.

냄비에 동지죽이 조금 있었다.

우리는 동지죽을 해년마다 쑤지 않기 때문에 그걸 좋아한다.

오늘도 그걸 막 먹었다.

그러니까 아빠께서 "형도 좀 주어라."하셨다.

나는 이런 날들이 좋다.

우리는 이런 우리의 미풍양속을 후손에게 전하기 위해서는 버릴 것도 버리고 찾을 것은 찾아서 길이길이 후손에게 전하자.

그런 사람이 있었다

- 1978년 12월 28일. 맑음.

"힘은 모든 것을 정복하지만 그 승리는 극히 짧다"

- 링컨-

이 말을 한 주인공은 '왜 이런 말을 했을까?' 생각해보았다.
내가 생각하기에 나 같은 사람을 놓고 하는 말이다
곰곰이 생각해보니 학교에서 그런 일이 있었다.
내가 친구를 힘으로 누른 것이다.
나는 이 말을 새로 알아들었으니 그런 일은 없을 것이다.

새해 아침

- 1979년 1월 1일. 맑음.

"새해 아침" 나와 가족에게 웃음이 가득 깃들기를…….

새해 복 많이 받으세요.

오늘은 신정이라 시골에서는 흥미가 없지만 기분은 상쾌하다.

TV나 라디오에서 "특집"이라는 말만 들어도 기분과 마음이 들뜬다.

그래서인지 자꾸만 귀 기울여진다.

너무나 그런 곳에 귀를 기울이면 생활상태가 어지러워지니, 유의하며 생활해야겠다.

죽느냐 사느냐의 생각

- 1979년 1월 17일. 맑음.

죽느냐 사느냐! 내가 왜 이러는지 나도 모르겠다.

나는 요즘 무슨 사사로운 일만 있으면 '죽느냐 사느냐'[11]에 대한 생각을 한다. 나보나 나이가 많은 형제는 좋으면서도 악의적인 면이 있어 보기가 싫다. 오늘 무슨 일이 있었는지는 모르겠는데 내 마음을 몰라주니 마음이 아프다. 그래서 나는 "나 가야 돼."하니까 "잘 가라."하는 것이다. 집에 간다는 걸로 알아들은 것 같다. 그래서 아무것도 가지고 가지 않았다. 나는 그런 뜻으로 한 말이 아니었다.

"죽는다. 죽는다. 죽는다." 이런 거였는데…….

이렇게 몰라주는구나 싶어 돌아왔다.

이걸 말하지 않으려고 "집에 가야 영어 책도 빌려보는데……" 하니까 "그런 것도 못한 미련한 놈이 무슨 책이야!"하면서 더 화나게 하는 것이다.

누워있으면서 곰곰이 생각했다.

나의 꿈은 다른 것보다도 작고도 큰 것을 하고 싶었다.

그렇다고 해서 높은 벼슬보다 이순신 같은 분 같이 하겠다는 것이다 그러고 있으니까 주민 학생이 와서 나는 난처했다.

이제 좋아지겠지.

---

11) 세익스피어 책 『햄릿』 속 내용

배움이란 성공으로 이끄는 기적이다

- 1979년 1월 20일. 맑음.

배움이란 의지!

의지란 믿음!

믿음이란 열심!

열심이란 성공!

나는 이렇게 생각한다.

'왜 이렇게 생각했느냐?'하면은 『속기법』이란 책을 훑어본 뒤에는 배우겠다는 의지가 생겼다. 무엇이든 배울 수 있는 믿음을 생각해서 열심히 해야겠다고 생각했다.

* 오늘은 음력 1978년 12월 23일로 증조부님께서 용진산 전투에서 왜병의 총알을 맞아 돌아가신 순국일이다.

누나와 다투고 나서

- 1979년 1월 21일. 맑음. 증조할아버지 제사.

다툼이란, 쉬우면서도 어려운 것이다.

나는 누나와 다투다 집으로 갔다.

후회가 된다. 누나는 마음속으로 얼마나 울었을까?

나 같은 것을 동생이라고 봐주고 달래보고 하는 누나가 정말 훌륭해보였다.

나는 생각했다. "이제부터는 후회할 일을 하지 않겠다."라고…….

착한 일의 가설

- 1979년 1월 23일. 맑음.

착한 일이란…….

오늘 자전거를 타고 집으로 오는 길인데 뒷모습을 보니 꼭 아는 사람 같아서 지나가며 보니 맞았다. 그 할머니는 무거워 보이는 짐을 머리 위에 이고, 손에는 다른 물건을 들고 계셨다. 나는 저곳까지나마 실어다드리려고 생각했는데, 그 할머니께서 생각하시기에 기름을 신고 있으니까 마다하실까봐 말을 하지 않고 그냥 지나쳤다. 저만큼 가다가 뒤를 보니 쩔쩔매고 그걸 들고 이고오시는 할머니께 참 미안했다.

나는 생각했다.

말씀이라도 드려볼 걸 이 못난 놈! 이런 착한 일을 할 수 있는 기회가 좋았는데…….

나는 후회하고 이것이 착한 일의 가설이라고 생각했다.

* 생각만 하고 행동하지 못했다.

김대중 전 대통령님의 행동하지 않는 양심을 악의 편이라는 말씀이 떠오른다.

지금의 결과는 그 언젠가의 내면 깊이에서 일어나는 의도(전초심)에 의한 것이고 내가 해야 될 것들이었으니 결과는 모른다, 좋을 수도 나쁠 수도!

그러니 미리 판단 말고 떠오른 대로 그때 상황 따라 시도는 해보라! 그러나 다 내 맘 같지 않으니 신중하라!

기천에게 사과하고 싶다

- 1979년 1월 25일.

추억으로……. 용서받아야 할 일이 있다.

기천이는 나와 한 학년이었다. 즉 1학년 때의 일이다. 그때에는 나도 철부지였으니까? 지금은 좀 더 마음이 컸지만 나도 그때에는 누구든지 조르기를 좋아하였나 보다. 어떻게 어떻게 해서 내가 기천이에게 100만원을 받을 것이 있다고 학교 갔다 오는 길에 돈 내놓으라고 조르기 시작했다. 그런데 갑자기 기천이가 논길을 헤치며 가더니……. 내가 집을 지나려 하니까 경숙이 누나가 "너 왜 자꾸 우리 기천이를 조르냐?"고 했다. 나는 아무 말도 안하고 "이제는 않겠다."고 다짐하고 집으로 왔다.

그 후 6년 뒤, 오늘 기천이가 오고 있다 기천이만 보면 옛날 추억이 생각난다. 나한테 말을 흘려서 했다. 과히 듣기는 싫지 않았으나 '같은 한 학년이었는데 그럴 수가 있냐?'하며 '그렇게 하지 말라.'고 말을 하려고 해도 말이 나오지를 않는다.

아아, 내가 잘못했기 때문인가 보다. 그래서 나는 이제는 친구를 성실하게 사귀기로 마음 굳게 먹었다.

잘못한 것을 잘못했다고 말하자!

반성하고 반성하자.

설날을 기다림

- 1979년 1월 26일.

구정의 대비!

내일 모레면 구정이다. 그런데 왜 그런지 설 기분이 나지 않는다.

내일모레가 구정이면 떡하고 안 하던 집안 청소하고 야단법석일 텐데…….

그게 아니다. '아마 구정이 없어지려나 보다.'하는 생각도 들어간다. 그러나 그럴 수는 없을 것이다. 왜냐 지금도 고령인 할아버지 할머니께서 계시기 때문이다.

우리는 여기서 우리 조상 고유의 향기를 맛 볼 수 있는 것이다. 우리 함께 즐기자.

새로운 것이 와도 변하지 않는 것 있다!

불변의 이치!

복조리 장사를 통한 사회경험

- 1979년 1월 28일.

장사란 것을 해보면서 사회의 인심을 알게 되었다.

나는 복조리 장사를 했다.

잘 사는 사람은 '무엇이 그렇게 비싸냐?' 못 사는 사람도 마찬가지인 것이다.

그 중에서도 반가이 맞아주는 사람도 있었다.

반대로 불쾌하게 해서 기분이 나쁘다.

그래도 열심히 의무를 갖고 다녔다.

그러나 허사였다. 그것을 다 팔지 못하고 집으로 온 것이다.

나는 그제서야 장사라는 게 이렇게 어렵구나!

그러면 우리 엄마께서는 얼마나 고생이 많은지 실감을 했다.

그리고 대강 사람 인심을 알게 되었다.

나는 좋은 사회공부를 했다.

엄마 아빠의 고생

- 1979년 2월 3일. 흐림.

겨울 속의 아빠 엄마!

지금은 겨울이다. 그리고 구정인 것이다.

지금은 노는 때인데도 우리 아빠 엄마께는 우리 사남매를 가르치기 위하여 고생하신다.

어쩌다 우리가 말을 듣지 않으면 아빠께서는 “너희들이 없으면 이런 짓을 하지 않고 다른 사람같이 놀고 있겠다. 이 자식아.”하실 때도 있었다.

그렇다. 우리가 없으면 이렇게 고생도 하지 않으실 아빠 엄마를 위하여 우리 4남매는 열심히 노력하여 자기 길을 잘 걸어가서 성공하기를 바라면서…….

우리는 아빠 엄마를 편히 모시기로 했다.

어려운 생활 중에 배우는 검소한 삶

- 1979년 2월 6일.

공부하는 데 가릴 것이 뭐 있나?

10일 날 개학하면 즉시 학년말 고사를 치른다. 그러므로 최대한의 노력을 쏟아야한다. 학생 모두가 그럴 것인데!

나는 아직, 아직! 그러지를 못했다. 그래서 나는 책을 빌려야겠다, 해서 책이란 영어 문제집인데 종희네 집에 가서 빌리니 수학 문제집이네.

나는 영어를 구하던 중인데 '수학'소리를 들으니 그것도 해야 해서 빌렸다. 왜 내가 이렇게 책을 빌리느냐면 2학기 때에 사려고 했는데 내년부터 책이 개편된다고 해서 사지 않았다. 내년에도 쓸모는 있지만 첫 째가 우리 집 생활 형편이었다. 우리 아빠 엄마께서는 사서볼 책이 있으면 사라고 그러시는데 나는 돈이 아까운 것이다. 그래서 사지 않은 건데 이제는 이렇게 찾고 다니니 말이다. 내 성격은 이렇다.

"나는 그렇지만 우리 동네 친구들은 공부하려고 하지 않는다."고 말이다.

자연보호 교육

- 1979년 2월 7일. 맑음.

짐승의 죽음! 지금은 자연보호를 하고 있는 시대이기도 하다. 대통령 각하까지도 크게 나서서 하고 있으니 말이다. 그런데 피해 짐승들을 잡으라고 하자 총잡이들은 참새, 까마귀 등 곡식에 피해주는 이외의 꿩, 노루, 산토끼 등을 잡아가고 있으니 얼마나 자연보호교육을 받지 않았으면 그렇게까지 할 것인가?

또 겨울철이면 싸이나 농약 등 여러 가지 극약을 가지고 제조하여 산에 놓아두었다가 짐승들이 굶주림에 지쳐서 먹는다. 오늘 형이 비둘기와 까치를 주워왔다. 아빠께서는 나에게 그걸 뜯으라고 하셨다. 왜 그런지 모르겠다. 내가 제일 싫어하는 것을 나보고 하라니 말이다. 하기가 싫어서 안 하는 것도 아니다. 그 새들이 불쌍한 것이다.

그러나 아빠 말씀인데 하지 않을 수가 없어서 저쪽으로 가서 그것을 뜯었다. 털을 뜯으면서 "왜 너희들은 재수가 없어 약을 먹었느냐, 너희들이 너무나 배가 고팠나 보구나, 불쌍한 것들." 이란 생각이 들었다. 나의 성격이 그래서인지 그런 것들을 보면 불쌍해서 못 보겠다. 집에서 닭이나 오리를 잡으면 고기를 주어도 잘 먹지를 않는다. 왜냐 살아있는 것을 잡아서 이렇게 끓여주니 그것이 전에 닭과 오리의 모습으로 변해버리기 때문이다.

형이 주워온 까치를 보고 아버지께서도 "음, 귀한 것이 죽었구나. 불쌍한 것……."하고 아빠께서 중얼거렸다.

우리는 더욱 더 자연을 사랑하고 아끼고 보존하여 후손에게 유산으로 물려줍시다.

학년말 고사

- 1979년 2월 12일. 맑음.

10일부터 13일까지 학년말 고사를 치른다.

오늘이 이틀째다. 어째, 점수가 그리 좋지 않은 것 같다.

나의 생각은 이렇다.

중학교만 나와서 일자리를 구할까 한다. 그러기 때문에 중학교 때만은 열심히, 열심히 해서 바라볼 자신은 없지만 노력하여 교육감 상을 타서 다른 곳에 취직을 하더라도 좋을까 싶어 그런 것이다.

그렇다고 해서 선생님들에게 사정해서 안 될 일이고 내가 노력해야 한다하고 마음을 먹었던 것이다. 점수가 좋으려면 열심히 해야겠다.

공부는 지금도 못하지만
계속은 하려 한다.
나에게 甲木[12]이 없다.
木의 일이 공부다!

12) 나는 계수 일주이다. 이때 이런 글을 어디서 보았고 들었을까? 궁금해진다. 그래서 지금 남촌현대물상론을 만나게 되었을지도 모르는 일이다.

3.1운동 정신

- 1979년 3월 1일.

3.1운동 정신의 60년 우리 조상의 불행을 기억해야 한다.

오늘이 기미년 삼일 운동의 60돌이 되는 우리가 잊어선 안 될 날이다.

우리는 결코 일본 무리에게 져서는 안 된다,

조상의 넋을 길이 보존하기 위해서라도 이겨야한다.

독립운동을 하다 조국에 몸을 바친, 그 정신, 정의를 위해 이기기 위해서…….

* 의거 오사열 의사 선양회

책 사러 송정리에 가다

- 1979년 3월 10일.

오늘은 여러 친구들과 송정리로 책을 사러 갔다.

자전거를 타고 아스팔트를 달리는 기분은 이루 말할 수 없었다. 그래서 다는 못 샀어도 즐거운 마음으로 집으로 왔다. 저녁때가 되어 형과 누나가 차례로 왔다.

누나가 들고 오는 게 무겁게 보이는 걸 보니 책 같았다. 펴보니 아니나 다를까 책이 여섯 권이나 있었다. 아빠께서 이런 사실을 알아차리시고 나를 보내지 않으려다 보냈다면서 좋으신 모양이셨다.

왜 이런지 정말 모를 일이다. 1학년 때에도 책을 그냥 사서 남고 정말 모를 일이다.

소식을 전해서 무슨 불을 풀어나가야 하는데 성미가 급해서 탈이다.

학급을 위하는 마음

- 1979년 3월 16일.

학급을 위한다는 게…….

너무나 내가 지나치게 학급을 위하는 것 같다.

내가 생각하기에는 그렇다. '환경정리'를 하는데 가위도 가져가고 청소를 할 때 나 자신이 알아서 분량보다 많이 하는 게 맞는 것이다. 내가 생각이 지나친 게 아닌지! 그러나 누가 뭐라 해도 계속 노력할 것이다. 심은 씨앗을 심은 만큼 거두는 만큼 많이 심고 많이 가꿔야겠다.

계속 나는 성의껏, 손닿는 데까지…….

선의의 거짓말

- 1979년 3월 28일.

무슨 일이건 침착하고 하는 일에 충실해야 사고를 예방한다.

토끼풀을 뜯으러 갔다.

친구들도 갔다. 그런데 윤섭이가 낫을 하나 주웠다. 윤섭이 보고 나는 자루를 가질 테니까 너는 쇠만 가지라고 말하고는 낫을 꺾어버렸다.

그때 마침 윤섭이 엄마께서 오셔서 누가 그랬냐고 하셨다.

나는 그 자리에서 무릎을 꿇고 빌려고 하는데 정석이가 거짓말을 했다.

"모른다."고…….

'나는 이제 죽었구나.'

34번째의 식목일

- 1979년 4월 5일.

오늘은 34번째의 식목일이다.

오늘 나무 심는 날인데도 나무를 베어서 쓸모없이 버리는 경우가 있다.

식수기간인 만큼, 아니 언제까지라도 나무를 심어서 우리나라가 울창한 숲을 이루어 부강한 나라가 되어야…….

외국도 숲이 우거진 나라가 부강하다.

심는 것보다 가꾸는 것이 중요하다.

자기의 생명 아끼듯 아껴야 한다.

작고도 큰 것을 이루리라

- 1979년 4월 7일.

겁나는 것도 여러 가지이다.

이럴 때면 겁이 덜컥 난다. 바람이 불고 폭풍우가 몰아닥치면 정말이지 겁이 난다. 언젠가는 아주 무서워서 닭장 안에 들어간 일도 있었다. 그러나 생각해보는 것 같았다. 누구나가 다 그렇다.

무섭고 겁날 때는 조그만 곳으로 피하면 무섭지 않고, 겁나지 않을 때는 큰 곳으로 가게 마련이다.

나도 그랬던 것이다.

뭣 하러 닭장 안에 들어갔냐 말이다. 벼락을 맞더라도 큰 곳에서 맞아야 하는데 좁은 곳으로 가면 피해만 더 가져오는 것이다. 이제부터 나는 반대로 시행해야겠다. 그래야 내가 이루고자 하는 것, 작고도 큰 것을 이루어야 행복이 오게 되는 것이다.

57회 어린이날

- 1979년 5월 5일. 맑음.

57회 어린이날이다.

세계 어린이의 해에 맞추는 어린이날.

나에게는 이제 이런 것은 맞지 않는 것 같다.

이제 나도 청소년이 되었으니 말이다.

그런데 왜 부모님들께서는 이 날만 어린이들을 예쁘게 보시는지 모르겠다.

다른 날들은 그렇게 보이지 않은지!

정말 모를 일이다.

자식은 늘 그대로 있는데…….

제7회 어버이날

- 1979년 5월 8일.

오늘은 제7회 어버이날이다.

부모님을 대하는 정신이 형식적인 정신보다는 마음에서 우러나온 존경의 마음정신이어야겠다.

"낳으시고 기르시어 진자리 마른자리, 손잡고 가르치던 어머님 사랑!"이라 교장 선생님께서도 말씀하셨다.

나는 부모님께 그렇게 큰 효도는 하지 않았으나 조그만 일들을 처리하여 효도를 했던 때도 있었다.

그러나 나의 생각은 자꾸만 엇갈릴 것만 같다.

건강한 가족이길 소망한다

- 1979년 5월 10일.

우리 가정에 돈이 많이 들어가는 사정을 누가 알까!

우리 식구는 왜 몸이 좋질 않은지 모르겠다.

1979년 1월 1일부터 지금까지 해서 무려 150,000원 가량 썼을 것이다.

오늘도 아버지께서 하시는 말씀이 "왜 우리 집은 이렇게 돈이 많이 들어가는지 모르겠구나. 손해만 나고 하니 말이다."라고 하셨다.

그러시는 아버지께 우리 집에 잡귀를 쫓아내야 한다고 했다.

그런 후에 아버지께서는 아무 말씀 없이 누워계셨다.

우리가 빨리빨리 커서 부모님을 모셔야 할 텐데…….

아직 우리는 어리니 어쩔 수 없는 것이다.

누가 비법을 알려줘요

- 1979년 5월 14일. 맑음.

마음먹은 일이 이루어지질 않는다.

'오늘은 꼭 밤을 새워서 공부해야지'라고 하면서도…….

어제도 자고 오늘도 자고 말았다.

나는 안 되려나 보다. 다른 사람들의 맘을 들어보면 언제까지나 하고 잔다는데 무슨 비법이 있을까!

꼭 배워야지.

칭찬을 받는다는 것

- 1979년 5월 22일. 맑음.

"누구에게 칭찬을 받는다는 게 그렇게 쉬운 일도 아니다.'는 것을 알게 되었다.

기술 수업시간이다.

어쩐지 선생님의 기분이 좋은 것 같다.

나도 선생님과 장단을 맞추었다

그런데 "이것은 나의 '운'인가 보다."라는 생각도 들었다.

내가 예습한곳에서 수업을 하시는 것이었다.

나는 이 시간이 끝나고 생각했다.

'과연 예습과 복습만이 우리를 살리는 구나.'하는 것을 그때서야 깨달았다.

내 할일을 잘하는 것

- 1979년 5월 23일. 맑음.

나는 무엇을 향해 뛰어야 하는가?

나는 아무리 생각해보아도 나의 성격은 따로 있는 것 같다.

무엇이든 뜯어고치고 조립해 맞추는 것이 나의 취미이자 성격이다.

오늘은 도서실, 자료실에 책을 빌리려고 갔으나 빌리지 못하고 과학 선생님의 시중을 들었다.

여러 가지를 하다 보니 알게 되는 것도 많은 것 같다.

과학 선생님은 좋고도 선하신 분이시다.

과학 자료가 고장이 난 것 같아서 고쳤다.

잘 되다가 한 가지 하면 한 가지를 버리고 해서 '나의 할 일만 하면 되는 것'이라고 마음먹었다.

공부란

- 1979년 5월 24일.

선생님은 "공부란 끝없이 해야만 하는 것이다."라고 말씀하신다.

이에 대항하는 배움도 보통으로는 되지 않은 것 같다.

그러면 이런 것들을 '어떻게 이겨나가며 잘해낼 수 있을까?'하는 것이 우리에게는 의문인 것이다.

"첫째로는 끈기가 있어야 하는 것이다.

둘째는 인내로 달거나 쓰거나 노력하는 것이다.

셋째는 이런 것들이 이루어지면 노력을 끊임없이 발휘해야 하는 것이다."라고 하시는 선생님의 말씀을 뼈저리게 느꼈다.

열심히 끈기 인내 노력과 용기로서 힘차게 달려갈 것을 맹세한다.

자아성찰

- 1979년 5월 25일.

내가 왜 이러지!

마음먹은 일이 내 생각대로 되질 않는다.

이것을 고치려 해봐도 쉽게 고쳐지지 않는다.

왜 마음먹은 일이 되지 않는단 말인가?

그 해답의 첫 대답이라고 하면

1. 노력을 하지 않는다.

2. 성의가 없다.

3. 끈기가 없다.

이런 것들은 모두 나의 마음에서 우러나오는 것이므로 꼭 이겨내야겠다.

그래서 마음먹은 일이 성취돼야 생활도 활기찰 것이다.

세상의 모든 일은 나를 중심으로 나에게 맞춰져있다.

그대로 뛰어야 내가 행복하다.

내가 있음, 건재함을 알아야 행복하다.

아빠를 돕는 일

- 1979년 5월 26일.

내가 이겼다.

아빠가 풀을 뜯고 나도 풀을 뜯고, 내가 먼저 집에 오게 되어 있어서 나의 할 일을 끝마쳤다. 그러고도 조금이나마 '아빠를 돕기 위해 무엇을 할 게 없을까?'라고 생각하던 차에 베어진 풀을 갖다드리기로 하고 실천했다.

내가 너무 욕심을 부렸다.

풀을 서너 번에 다 옮기야 하는 데 여러 군데에 놓인 풀을 한 번에 들었다가 놓칠 뻔했다.

들고 가는 데까지 가기로 하고 안간힘을 썼다. 종점에 도착하려는 순간! 풀이 놓여지려했다.

나는 생각했다. '여기서 지면 안 된다. 죽음에 순간까지라도 들고 가야한다'고 생각을 하니까 그 풀이 없는 것처럼 가벼웠고 종점에 왔을 때는 마음도 가벼웠다.

이것이 이긴 것이 아니고 무엇이랴?

반성과 실천

- 1979년 6월 1일.

서두르기만 하면서 이룬 일은 없다.
요즘 들어와서 더욱 바쁘다 숨을 못 쉴 정도이다.
가만히 생각해보니 끝마친 일은 아무것도 없다.
'나의 계획은 무조건 이제부터다.'였는데…….
이제는 지난번부터로 바뀌게 되었다.
마음껏 반성하고 실천해야지!

배우고 행동하는 것

- 1979년 6월 2일 맑음.

처음 하는 것은 잘 배워야 한다.

모내기를 한다. 논에 들어갔다.

막상 모를 쥐니 가슴이 뭉클했다. 생각에 잠기었다

'가만히 있어! 작년에 내가 어떻게 모를 심었더라.'하면서 어머니의 심는 모습을 보고…….

'음, 한 번에 3줄씩…….'하면서 심으려니까 장단이 맞질 않는다.

맞을 리가 없다. 손이 맞질 않는데 어떻게 맞을 것인가!

배웠다고 능수능란하게 되지 않고, 그렇게 되려면 시간이 흘러야 한다.

보리 베기 근로동원

- 1979년 6월 5일.

몸이 불편하다.

근로동원으로 보리 베기를 하는데 자유가 없다.

허리가 아프고 어깨 등이 아프다.

그래도 막무가내 노력하라는 것이니 이 일을 어찌 하면 좋단 말인가?

자기가 쉬고 싶으면 쉬고 자기의 마음 내키는 대로 하라는 것이다. 그리고 목표 달성만 하면 된다는 식이다.

멸사로 단국에 결의하고 싶다.

많은 노력을 하자.

결석한 날

- 1979년 6월 8일.

생각하면 생각할수록 마음이 상한다.

결석이라니? 이게 웬 말인가!

'죽어도 결석은 않겠다.'는 것이 나의 굳은 의지였는데, 등교 일을 몰라서 결석을 하게 된 것이다.

다 선생님들의 탓이리라.

소식도 전해주지 않으시고

좋다! 이제는 그렇게 나아가면 나도 생각이 있는 것이다.

너무나 원통하구나!

받는 것을 더 좋아하는 나

- 1979년 6월 16일. 맑음.

받는 것과 주는 것에 대해 생각해본다.
받을 땐 고마워도 줄 때는 서운한 것!
우리 인간 본능이 그렇다.
주는 것이 싫어서 그런가? 그것도 아니다.
그러면 왜 그런가?
이것은 우리가 생각해볼 문제도 되겠다.
그러면 나는 주는 것을 좋아하는가? 받는 것을 좋아하는가?
역시 받는 것이 낫다.

책임과 의무

- 1979년 7월 4일. 맑음.

책임과 의무를 다하기 위하여
우리는 책임과 의무를 저버린 일은 없는가?
오늘은 학생들의 도서대출 날이므로 열심히 뛰어야 한다.
특별한 일은 외가에 들러 아버지의 말씀을 전하는 것이
내가 맡은 책임이다.
맡은 책임과 의무를 분간하여 열심히 뛰며 노력하자.

자신감이란

- 1979년 7월 10일. 맑음.

자신감이란?

자신감이란 무엇이든 강하게 처리하는 자만이 가질 수 있다고 생각한다.

자신이 없으면 무슨 일이든 자신 있게 처리할 수가 없으니 말이다.

나도 자신이 없나 보다.

무엇이든 처리할 수는 있어도, 뒷일을 자신 있게 할 수가 없으니 말이다.

더욱 더 자신감을 길러서 한 걸음 나아가 더욱 더 보람찬 내일의 나를 건설해야겠다.

"절약하는 너, 설약하는 나. 발전하는 너와 나."

학기말고사

- 1979년 7월 13일. 맑음.

지금 시간의 경과!
오늘도 연 3일 간 치루는 학기말고사의 날이다.
시간은 금이다. 이 시간도 조금 있으면 금이 된다.
Time is money.
이럴 때면 모든 시계의 추를 철사 줄로 꽁꽁 묶어 놓고도 싶다.
이제 나도 공부하는 틀이 잡힌 것 같다.
그렇기 때문에 위와 같은 생각이 나지 않았겠는가?
열심히 노력하자!

농사하기엔 아직 설다

- 1979년 7월 15일. 맑음.

농사의 지혜를 발휘할 때다.

농약을 해야 한다.

한창 번지고 있는 도열병 때문이다.

아빠께서 고되시겠다.

나는 아빠께 "아빠 제가 약할까요?"라고 물었다.

그러면 아빠께서는 "너는 아직 설다."라고 하시는 것이다.

더욱 더 노력하여 못하는 것 없이 열심히 하여 아빠를 돕기로 굳은 마음으로 하늘을 두고 맹세한다.

부모의 끊임없는 사랑은 자식이 빛나는 영광을 가져오게 된다.

31돌의 제헌절

- 1979년 7월 17일. 맑음.

지금으로부터 31일 년 전, 1949년에 제2의 한국이 세워진 것이다.
아! 일본의 압박 속에서 벗어나 공산 무리의 전투…….
우리의 선배들은 이런 것들을 이기며 견디어낸 것이다.
그 뒤 다시 법을 만들어 새 국가를 건설했던 것이다.
선배들의 거룩한 정신을 받들고 그때 그 현상 그 사실을 들어보자.

34번째 광복절

- 1979년 8월 15일.

제34회 광복절, 우리는 그때 그 피를 보지 못했다.

그렇기 때문에 우리의 조상의 얼을 되새기며 묵념을 올리자.

큰 집, 작은 집 아이들이 영광군 홍농읍에 있는 가마미해수욕장에 갔다.

TV드라마에서는 '간첩'이라는 말이 많이 나온다.

그의 인상은 모자에 선글라스를 겹치기 때문에 어린 아이들까지도 모르는 아이가 드물다.

해수욕장에서 오던 길인데 어느 부부가 있었다.

부인되는 분이 "당신은 꼭 간첩 같아요."라고 하니까 가장되는 분은 처음에는 참다가 화가 치밀어 오르는지 부인되는 분의 오른 뺨을 쳤다.

그러자 부인이 욕설을 막 퍼붓는 것이다.

그러자 13세가량 된 딸이 "엄마!"하고 부르자. "저리가 너희 아버지한테 가 이년아."라고 했다.

가장되는 분이 딸을 예뻐하는 것 같았다.

그 이야기도 좋게 받았으면 괜찮으나 나쁘게 들은 것이라 이런 불상사가 생긴 것이다.

내가 생각하기에는 부인이 잘못을 빌어야했다. 그러나 그렇지 않은 것이다. 간첩의 인상을 왜? 그토록 꾸몄을까?

그것을 보기 때문에 그것도 알 것이 아닌가!
간첩의 인상을 바꾸거나 그것을 하지 않았으면 좋겠다.

줄넘기와 누나

- 1979년 8월 18일.

오늘은 모처럼 방학동안에 누나가 학교에 나가니 생각나는 게 있다. 줄넘기이다. 나는 속으로 '오늘 줄넘기를 사오면 누나 마음대로 해주고, 그렇지 않으면 좋지 않을 걸'하고 있었다.

누나가 왔다. 나는 '누나가 어떻게 나오나?'하고 있었는데 시키지도 않았는데 줄넘기를 내 비친다. "여기 줄넘기 있다." 여기까진 좋았다.

그러나 "이 줄넘기가 500원에다 네가 나 줄 돈 600원 해서, 그때 300원 줬으니까 300원 더 나를 줘야겠다."고 말을 한다.

그때 나의 마음은 어떻겠는가. 그래서 서로 틀어졌다.

빚을 지고 살면 평생 갚아야할 빚이 된다.

수학여행 · 1

- 1979년 9월 21일. 비.

학교 - 정유공장 비료공장 - 유달산 - 해남 대흥사

아침부터 마음이 좋고 상쾌한 기분이다. 왜냐하면 오늘 수학여행을 떠나기 때문이다. 그리고 오늘은 벼를 타작하는 날이다. 나는 조금이나마 일을 돕고 나서 발길을 재촉하며 학교로 뛰었다. 얼마나 뛰었는지 학교에는 버스가 와서 기다리고 나는 숨이 차다.

그런데 날이 좀 수상하다. 비가 오지 않을까 하는 의문이다. 잠시 후 이슬비는 보슬보슬 내렸다. 우리의 수학여행이 부러워 말로 못하니 그렇게 방해하는 것을 알 수 있었다. 그래도 나는 기쁘고 또 한편으로는 걱정도 있었으나 무사히 '목포 유달산'에 닿았다. 목포시를 한눈에 볼 수 있는 높은 유달산에 올라가서 목포시를 보니 과연 한국인의 긍지와 노력과 성공이 한 눈에 들어올 수 있었다. 우리의 발전이 얼마나 급격히 나아가는 것인지를 알 수 있었다 촬영하기에는 좀 까다로웠지만 그런대로 되어갔다.

우리는 다시 고속도로를 달린다. 마음도 상쾌하고 전신이 날아갈 것 같다. 나는 사회를 보는 중에 전경을 둘러보니 집 생각이 났다. 해남 대흥사에 도착하여 절을 돌아보고 여기서 일박할 계획이나 밤에는 재미있었다. 서산대사의 유물이 남아있는 이 절에 우리를 데리고 오시려는 선생님의 노고가 얼마나 큰지 모르겠다. 지금 생각해보면 추억에 남는 게 많은 것 같다.

수학여행 · 2

- 1979년 9월 22일. 맑음.

대흥사 - 남해대교, 충렬사 - 구례 화엄사

대흥사에서 자연보호 활동을 하고 다시 구불구불한 산길을 타고 내려가면서 다시 대흥사를 생각한다. 해남하면 특히 생각나는 게 있다. 밤에도 알아보았지만 해남 만수국교가 생각나는 것이다.

어느덧 버스는 고속도로를 달리고 있었다. 차를 타고 가는 시간이 길어서 모두의 활동은 눈 뜨고 볼 수 없는 그런 현상이 일어났다. 비탈길을 계속 따라가자 남해대교가 멀리 보였다. 이곳은 두 번 와본 곳이라 그렇게 흥미는 없었으나 그래도 우리는 흥미를 가지고 보면서 충렬사에 들어갔다. 모두가 그런 것들이지만 그래도 우리 조상의 내력을 알면서 보니 더욱 돋보였다.

여기서 잘 지내다가 한 가지 좋지 않은 변이 일어났다. 두 명의 학생이 장소를 잘못 알아서 딴 곳으로 가버렸다. 그래서 선생님께서는 노발대발하시며 화를 내셨다. 무사히 한 명도 이탈 없이 고속도로를 달려 구례 화엄사로 발길을 돌렸다. 그 길은 멀고 험했다. 그러나 그것들도 곧 잊게 되었다. 선생님께서 위로해주시고 학생들이 협조했기 때문이다.

무사히 도착하여 식사 후에 학생들과 놀았는데 그렇다할 재미는 없었다. 오늘 밤은 무사히 잤다.

수학여행 · 3

- 1979년 9월 23일. 맑음.

구례 화엄사 - 순천 송광사 - 학교

오전에 화엄사를 돌고 순천 송광사를 보고 학교를 오는 날이며 끝날이다. 기나긴 여행을 막상 끝내려고 하니 그렇게 되지도 않았다. 화엄사에는 본양 출신이 스님이 계셔서 자세한 설명을 들을 수 있었다.

송광사는 우리나라 목조건물의 3대에 속하며 국보만 해도 4가지가 되고 모두가 희귀한 것들이다. 3층 석탑은 더욱 더 머리에 남는다.

11시에 순천 송광사로 향했다. 점심을 먹고 송광사를 돌아본다. 가는 곳마다 청기와를 볼 수 있다. 기사 아저씨와 안내양 누나 모두 친절하시고 명랑하시다. 송광사를 들어가기 전에 여러 곳을 돌아본다. 여기 또한 옛 유물이 남아있는 사찰이다. 모두 돌아보고 이제 고속도로를 달린다.

이제 모두 웃는 얼굴 상쾌하고 선생님께서도 질서가 잘 됐다며 좋아하신다. 계속 고속도로를 달리자 광주 송정리가 보이는 동시에 멀리 본향이 보이고 조금 있자 학교가 보였다. 모두가 우리의 안전함을 함성으로 크게 지른다.

기사 아저씨, 누나 감사합니다.

그리고 선생님들께 우리를 계속 보살펴주셔서 대단히 감사합니다.

할머니 댁에서 살다가

- 1979년 12월 10일.

잊었던 생활들을 생각해야 할 시간이다.

너무 오래 할머니댁에 있다 보니 집 생각을 하지 못했다.

방과 후 할머니댁에 와보니 할머니께서 '오늘 집이나 가봐라.'고 하시는 것이 아닌가.

나는 연유를 묻지도 않고 대답 대신 황홀해졌다.

나는 할머니께서 손수 차려주는 밥상을 받고 기뻤으며 뜨거운 무엇인가를 지나치는 걸 느낄 수 있었다.

바쁜 걸음으로 집으로 와보니 아직 아버지 어머니께서는 계셨다.

부모님은 나를 정말 처음 보는 사람들, 교포처럼 끌어안아주셨다. 눈물도 나오려했다.

그래도 눈에는 무엇인가 감돌았다.

"역시 정은 못 속이는구나."하고 생각했다.

관점의 차이

- 1979년 12월 11일.

'돕는다.'는 것을 이것밖에 못했나!

오늘은 할머니댁의 짚을 실어 나른다. 거리는 멀었다. 길도 좋지 않았다. 짚은 많지 않았다. 그것을 어떻게 가져 나를까 생각하니 리어카 두 대로 두 번이면 될 것 같아 할아버지께 "리어카 두 대로 합시다."하고 여쭙자, '못써. 언덕이 많아서 끌고 오질 못한다.'하신다.

논에 갔지만 짚은 많지 않았다. 리어카 한 대에 많이 실었다. 끌고 오니 정말 큰 기쁨이 나왔다. 꼭 오늘은 두 번 가져왔다.

그런데 할머니께서는 '아고 고생했다.'며 여러 번 칭찬했다. 정말 할 말이 없었다. 조금 했는데 이렇게 말씀하시니 정말 '돕는다.'는 게 이것 밖에 못해서 정말 서운해하실 것 같았다.

내 마음 속으로…….

세계 아동의 해

- 1979년 12월 30일.

세계 아동의 해, 그 마지막 하루해가 기울어져 간다.

오늘에서 하루라는 두 글자를 지우고 나면 1979년 기미년과 아동의 해였던 올해가 경신년을 맞게 된다.

오늘 밤 TV에서 <수사반장>을 무심코 지켜본 결과 나는 많은 것을 얻은 것 같다.

'사람의 목숨은 하나님에게 있다.'와 '1초가 아깝다 목숨을 구하기 위해선 뛰어라.'라는 말이 정말 나에게 큰 깊은 감명을 준 것 같다.

아무쪼록 경신을 맞는 기분에서 아동의 해가 아니더라도 어린이를 특히 사랑하고 격려하여 우리의 기둥을 굳건히 받들자.

효도하는 것

- 1980년 1월 19일.

"어머니의 매가 아프지 않아 운다."라는 말이 있다.

중국 한나라의 백유는 매우 효심이 지극한 사람이었는데 어느 날, 어머니의 매를 맞고 몹시 울었다. 어머니께서 어찌된 영문이냐고 묻자 백유는 울먹이면서 대답했다 '전에는 어머니에게 맞으면 매우 아팠으므로 어머니가 아직 건강하신 줄 알고 매우 기뻤습니다. 그런데 오늘은 조금도 아프지가 않으니 어머니가 그렇게 쇠약하신 것이 슬펐습니다.'라고 말했다고 한다.

우리도 무언가 뉘우친 바가 있어서 모든 생활을 영위하게 하며 보람 있게 효도하는 것이 자식 된 도리로 마땅한 걸로 안다. 그러나 우리가 무슨 큰 것을 하면 좋겠지만 부모님께서는 그렇게 큰 것을 바라질 않으니 학생은 공부를 잘하는 것이 큰 효도인 것 같다. 다시 한 번 굳건한 마음으로 공부하자고 맹세한다.

바쁘게 생활하는 자만이 승리할 수 있다.

人間은 생존 경쟁의 현시대에 맞부딪혀 아무 일 없이 해낼 것이다. 열심히 부모님의 노고와 감사를 한시도 잊어서는 안 될 것이며 잊었다 하더라도 마음만은 변치 않으면 그것이 부모님 공양하는 것보다 귀하리라!

인간이란 본디 유행을 따르게 돼 있다.

그러나 나는 우리의 사명감을 잃지 않기 위 한시라도 유행을 따르

지 않으며 유행과 싸워서, 이 사회의 유행을 뿌리 뽑을 것이다. 유행 허식 몰아내어 밝고 맑은 사회 이룩하자. 부모님 은혜 하늘같이 하여 돈으로 살지 말고 마음으로 살아가자.

인간의 본심을, 부정하지 말고 현 시대의 생활을 개선하여 가꾸자.

새 역사를 창조

- 1980년 1월 20일. 비.

"가난을 이겨내는 자는 많으나 부귀를 이겨내는 자는 적다."라는 말이 있다.

가난한 사람이 가난의 고통을 견디는 만큼, 부유한 자는 그 재산을 올바르게 유지하지 못한다는 뜻이다. 낭비하여 재산을 탕진하지 않으면 그 재산의 노예가 되어 인간의 성품을 잃거나 또는 그 재물로 인하여 불행을 자초하게 한다. 재산은 자기가 애써 번 것이라도 자기 마음대로 써서는 안 된다. 반드시 공공복리에 적합하도록 행사하여야 할 의무의 성격도 있는 것이다.

그러나 자기의 생활을 부정적으로 받아들인 사람은 잘되지 못하고 자기의 생활은 보잘 것 없으나 그러나 나의 마음은 귀중한 보배라며 긍정적으로 받아들인 사람은 부정으로 받아들인 사람보다 훨씬 풍족한 생활을 할 수 있었던 것은 위에서 말한 것과 같으니만큼 더욱 더 노력하는 수밖에 없는 것 같다. 노력한다 해서 안 된다. 끈기로 해야 한다. 노력과 끈기로 일을 해내는 데에는 무엇보다도 중요한 용기가 필요한 것이다.

이 노력, 끈기, 용기로 힘찬 새 역사를 창조하자.

10대 대통령 취임식에 바람

- 1980년 1월 21일 임시공휴일. 흐림.

"10대 최 대통령 취임식장에서의 모습들!"

최규하 대통령님!

지금 현 시대에 맞는 생활을 할 수 있게 해주십시오. 저희가 바라는 것은 아직도 도시와 농촌의 차이가 있습니다. 학교생활을 보면 그냥 알 수 있습니다.

도시에는 학원과 공부할 수 있는 모든 장비가 갖추어져있는데 시골에는 그렇지가 못해서 시골 학생이 도시 학생에게 지지 않을 수 없는 현실에 놓여있으니만큼 최 대통령께서는 성심껏 힘써 주셨으면 더할 나위 없는 저의 한가지의 소망은 해결될 것 같습니다.

(1년 정도 뒤에 각계 인사들과 국민 뜻의 헌법 개정을 할 것을……)

꿈에서 본 모녀

- 1980년 1월 22일. 눈. 부모님 결혼 20주년 기념일.

"나의 마음을 뿌리치고."

어느 한적한 도시의 골목과 밤이 오늘도 여느 때처럼 찾아와서 사람의 안식처를 마련해주고 있다. 밤이라 그런지 가게의 등불들도 꺼져있고 조용한데 저쪽 모퉁이에 있는 아담하고 포근함 같은 것을 느낄 수 있는 한 상점이 있었다. 조용한 밤거리라 그런지 사람들의 통행도 뜸한 이때, 나는 그 가게로 들어섰다. 가게 안에는 등불 하나 켜있고, 조용했다. 나는 나도 모르게 가게 안을 살피게 되었다. 가게 안의 조그만 방 안에서 아름답고 풍요로운 두 여인의 음성이 들렸다.

나는 '옳지, 됐다.'하고, 무엇이든 하나 가져갔으면 하고 서있는데, 어느 신사 한 분이 들어섰다. 그 신사는 내가 가게 주인인줄 알고 "이봐요, 아이스콘 3개만 줘요."하고 말씀하셨다. 나는 어리둥절하며 가게 주인의 방으로 다가가려하자 딸인 여자가 말하기를 "엄마 콘 얼마에 팔아요."하자 어머니이신 분이 "하나에 35원이나 받아라."하셨다. 나는 아찔했다. 나의 일을 송두리째 알고 있는 분들인 것 같았다. 나는 신사 분에게 콘 세 개를 내주었다.

신사 분은 그냥 밖으로 나가셨다. 나는 어리둥절하여 그 손님을 따라가 "돈(콘 값)은 주셔야죠."하자 신사 분은 콘을 내밀며 "옛다, 그냥 가져가라."하시며 사라져버리셨다. 나는 그냥 가게로 들어와서 콘을 제자리에 넣어두었다.

잠깐 있으니까 또 어느 신사 한 분이 어린 아이 손목을 잡고 오셨

다. 신사 분은 "이봐요, 여기 애한테 먹고 싶은 것 물어서 주라는 데로 줘요."라고 하셨다. 그 아이는 "저는 먹는 것은 필요 없고요, 이 가게 안에 있는 아주 작으면서도 무엇이든 들어갈 수 있는 상자를 갖고 싶어요."하고 말했다. 나는 "얘 이 가게엔 그런 상자가 없으니 다른 데로 가 봐요."하고 말을 마치기도 전에 방 안에서 들려오는 소리가 있어 귀를 기울였다.

딸 하는 말이 "엄마, 저 아이에게 상자를 주셔요."하자 어머니 분께서 "응? 그것은 저쪽 큰 상자 밑에 있으니 내일 아침에 가보아라."고 하셨다. 나는 "어쩌지 지금 판매하려고 했는데 큰일이다."하고 생각할 때 딸이 "지금도 좋아요"라고 말씀드리자 어머니 분은 "네 마음이 그러하면 좋다."고 말씀하셨다. 나는 빨리 큰 상자 밑에서 그 작고 신비스런 상자를 내주었다. 나는 "아이한테 돈을 주어야지."하고 말하자 또 방 안에서 딸이 "그 상자는 어떤 상자여요."하고 말씀드렸다. 어머니 분께서는 "그 상자는 마음의 상자이므로 마음이 착하고 아름다운 사람에게만 보이는 상자야."하고 말씀하셨다.

나는 또 "애야, 그냥 그 상자를 가져가거라."하고 말을 마치자마자 나는 상자만 들고 아이도 가게도 없는 어느 촌의 도로에 있었다. 그런데 갑자기 저쪽 산에서 호랑이 한 마리가 나타나 나를 습격하려 했다. 나는 상자를 꼭 붙들고 있으니까 호랑이는 순한 양처럼 되었다. 나는 너무나 신비스러워 그만 "아!"하고 꿈에서 깨어났다.

지금 시각 4시 반 경. 아! 꿈이었구나. 정말 그랬으면 하고 생각하니 두 모녀는 나의 마음을 시험해보려는 분들 같아서 더욱 잊혀지지 않았다.

이기주의 시대

- 1980년 1월 23일. 맑음.

"눈물 아닌 피가" 요즘 들어와서 더욱 내 맘을 슬프게 한다.

모든 인생사와 생활의 허무함이.

내가 생각하기는 꼭 그런 열성을 보이며 노력하고 모든 것을 성심껏 해야만 잘 되는가? 실은 "지성이면 감천이라"는 말처럼 "심은 만큼 거둘 것이다." 그러나 오늘 저녁 상대의 얼굴과 하는 행동을 보니 정말 눈물 아닌 피가 나올 것 같다.

배움의 값어치와 결과가 이것밖에 안 된다니……. 아! 정말 우리의 국제 정세의 허술함과 국민들의 이기주의적 정신이 있기 때문에 자신이 가고 있는 두 길 중에 마음에도 없고 손에 맞지 않는 생활을 하며, 쓴 맛 단 맛 다 겪어야만 하는 것일까? 그것은 이기주의 때문이다.

친척 한 사람이 높은 직책에 있으면 모두 자기 일가친척을 끌어들이기 때문에 12년이나 배운 값을 발휘할 수 없이 큰 발로 억누르고 있으니, 어느 누가 그 야만인 같이 이기주의를 쓰는 존재들을 좋아하며 따르겠는가? 친척은 뼈가 빠지겠지만 나는 다시 한 번 강조한다. 자기의 배운 값을 최대한으로 발휘해서 자기의 지망대로 될 수 있도록 더욱 노력하여 이기주의적 정신을 뿌리 뽑아야 하겠으며 친척이 부른다고 해서 말려들어서도 안 되겠다. 따라간 사람이 있으니까 끄는 사람이 있는 것 따라가지 않으면 어느 장사 또한마음만은 끌어당기지 못하는 것이다. 그러므로 끌어당기는 쪽보다 끌려가는 사람이

더 바보이며 야만인은 바로 그쪽이다.

이 글을 쓸 때의 지금도 두 주먹이 불끈 쥐어진다.

나를 발견한다

- 1980년 1월 27일. 맑음.

서울에서 할아버지 생신 때문에 내려오신다고 한다.

나는 하루 종일 방 안에서 TV를 보고 있었다. 아빠께서 이발을 하시고 돌아오셔서 소죽을 끓였냐고 물으셨다. '안 했다.'고 말씀 드리자 아빠께서는 평일과는 달리 더욱 더 화를 내셨다. 나는 그 이유를 알고 있었다. 우리 집을 사려고 계를 했는데 한 집에서 꼬리를 빼느라, 아빠만 손해가 되니까 그러신 걸 나는 누구보다도 잘 안다.

그러나 이상하다.

나의 성격이 더욱 더 변해가는 걸 나 자신이 알 것 같다.

계속 집에서만 틀어박혀 있으니까 사람들이 귀찮고 누굴 만나고 싶질 않는 것이다.

있는 그대로 마음도 편하다

- 1980년 1월 28일. 비.

우리 집에서 친척과 식사를 나누는 것도 아주 오랜만이다. 오늘 저녁은 서울서 오신 친척과 식사를 나누는 날이라 그런지 기분조차 들뜨는구나.

아빠께서는 "있는 그대로 나눠먹으면 되는 것이다."라고 하시며 '나는 없더라도 마음만은 가득하다'는 것을 아빠께서는 나에게 비추어 주셨다. 나는 그 빛을 받고나니 한결 마음의 기분이 좋고 상쾌한 마음이 든다.

아! 정말 마음의 의식이란 이토록 뜨겁고 신의스런 믿음직스러운 우리의 정신이면서 노력의 성과인 것이다.

마음이 편안하나.

말에 대한 단상

- 1980년 2월 7일.

말을 삼가자.
말을 잘하는 것과 성공과는 다르다.
말은 많이 한 자만이 유식한 사람이 아니다.

"일 없을 때 말이 많은 사람은 막상 일을 시작했을 때는 누구보다도 실천하지 않는다." – 테일러

"말은 나뭇잎과 같아서 가장 무성할 때는 으레 열매가 적다."– 포오드

"가만히 보면 누구나 날씨에 대해서 말이 많다 그러나 누구도 날씨에 대해서는 어쩌지는 못한다." – 마아크

"말은 포자 씨를 뿌리는 것과 같아서 하나하나 뿌리는 말의 결과에는 무한한 것이 있다." – 톨스토이

실천과 성공

- 1980년 2월 13일. 맑음.

후회는 소용없다. 후퇴는 있지 않다.
실망은 하지 말자 미련도 갖지 말자.
굳은 의지로써 이겨내고 참아야 한다.

마음과 노력 그리고 실천과 성공이라.
위인이 말한 고통은 일약지상으로부터 뛰어 올라간 것이다.
남이 자는 사이에 한 걸음 한 걸음 애써 기어 올라간 것이다.

임 명 장

제 3 학년 1 반

오 중 영

위 사람을 본 학년간

선도부장 으로 임명함

1980 년 3 월 10 일

본량중학교장 이 준 상

자상하신 아빠

- 1980년 3월 12일. 맑음.

학교에서 끝난 후에 집으로 곧장 달려서 왔는데 6시가 넘었다. 내가 생각해도 이렇게 늦게 오면 부모님께서 어떻게 생각하실 것인가!

대문에 들어설 이런 생각이 때 머리를 스쳐간다. 오늘도 생각을 의식적으로 뿌리치고 방 안으로 들어와 옷을 갈아입고 앉았다.

아빠께서 "점심이 적지 않느냐?"하셨다.

나는 또 아빠의 심려를 끼쳐드릴까 봐 말끝을 맺지 못하고 더듬거릴 때, 또 아빠께서 "배고프면 간식으로 좀 먹어라."하셨다.

옛날부터 자상하시고 꼼꼼하신 줄은 알았었지만 오늘같이 느껴본 날은 처음인 것 같다 두 분 다 정말 고마우신 분이다.

친구에게 사과하다

- 1980년 3월 26일.

오늘은 기분이 그다지 좋지 않았다. 그래서인지 괜한 일에도 참견이 많았다. 운동장으로 오는 두 사람 외 두 사람이 더 온다. 나는 그들에게 주의를 시켰다. 그러나 반항하여 나에게 더욱 큰 벌을 받았다.

정말 그 친구에게는 정말 미안한마음 가눌 데가 없다. 나는 마음이 셀 때만 세지 여느 때는 어느 사람보다 약하다면 약하다. 그런데 그 친구가 빈다. 나는 눈물이 글썽글썽 거렸다. 비는 사람한테는 나도 강하지 못하기 때문이다.

그러나 나는 "만약에 지금 놓아준다면 뉘우치질 않고 옛날 그대로 되리라."는 생각이 앞서서 용서는 아직 이르고 해서 약한 벌을 더 주었다. 그 뒤 나의 뜻을 말했다.

미안, 나는 지금 생각해도 정말 미안했다.

여기서 물러설 수는 없다

- 1980년 3월 31일. 비.

"마음도 기분도 행동도 모두가 알아주질 않는다."

시험 뒤에는 언제나 하는 말이지만 지금도 멀었다는 생각이다.

밤을 낮 삼아 책을 보아야 할 이때에, 이렇게 정신없이 떠돌아다니고 있었다니 정말 한심스러운 일이야.

나란 놈은 왜 어째서 인격만 존중할까?

그런 안타까운 서운한마음을 가지시도록 부모님께 불효를 했단 말인가!

아! 나도 별 수 없는 놈이야.

그렇다고 여기서 물러설 수는 없다.

계속 전진이다. 10중 8구라는 말도 있듯이, 10번 계속 전진이야 그래서 10번 전부 성공할 수 있도록 더욱 더 노력에 노력을 해야겠다.

기대가 크신 아빠 엄마에게는 정확히 말씀드리고 고사의 마음을 함께 가지시도록 빌어야겠다.

남아입지출향관 약학불성사불환

- 1980년 4월 2일. 맑음.

"남아입지출향관(南兒立志出鄕關) 약학불성사불환(藥學不成死不還)이란 말은 "남자가 뜻을 품고 일단 향관을 떠난 이상은 학문을 이루지 못하면 죽어도 다시 돌아오지 않는다."는 뜻이다.

당나라의 종자운은 유명한 장수였다. 열여덟 살 때 보성으로 가서 학문을 이루고자 결심한 그는 청운의 뜻을 품고 고향 산천을 등졌다. 보성으로 가는 길에는 관소가 있었다. 관소를 지나노라니 관원이 관소 통행증을 주며 이르는 말이 "이 증서는 후일 고향에 돌아올 때 쓰이는 통행증이니 잘 보관하지 않으면 안 되는 것이오."

이 말에 자운은 태도를 의젓이 가지며 "대장부 뜻을 세우고 향관을 떠나는 이상 만일 학문을 이루지 못한다면 어찌 죽더라도 돌아오리오, 내 마땅히 배움을 이루고 이름을 날려서 현관이 되어 금의로 고향을 빛내려하거늘 구구하게 이런 통행증이 무슨 소용일 텐가!"하고 통행증을 내던지고 휘적휘적 장안 보성길로 바삐 행하였다.

그 후 형설의 공은 헛되지 않아 10년이 다 못가서 그는 과거에 장원급제로 벼슬길에 올랐다. 비단옷으로 위풍이 당당하게 고향에 돌아올 때에 그날의 관소를 지나게 되었다. 지나간 날 보성 길을 찾아 떠나갈 적에 미친 사람의 헛소리라고 비웃던 관원들은 놀라지 않을 수가 없었다. 입을 벌리고 감탄하며 굉장한 그 행렬을 배웅할 뿐이었다.

나는 이 글의 내용을 읽고 '사나이의 결심'은 굽혀지지 않는다는 윗말을 가슴 속에 새겼다.

사회 선생님 말씀으로 나를 보다

- 1980년 5월 5일.

58회 어린이날!

오늘도 역시 황사현상은 일어나고 날씨도 좋지 않다.

물을 보기 위해 못자리로 갔다.

거기는 물이 흐르는 곳에 가 있는데 사회선생님께서 낚시질을 하고 계셨다. '선생님 많이 낚으셨습니까?'하는데 내 목소리가 제대로 나오질 않았다. 왜냐면 사회 선생님께서는 그렇지가 않았는데, 나의 생각이 그랬던 것이다. '사회를 못해서……' 그것 때문이다.

선생님께서는 '너는 다른 아이들보다 의젓하니 어른스러워 보이더라.'고 말하셨다. 가만히 나는 생각해보았다. 그렇게 '자세히 보지도 않고 어떻게 잘 아실까?' 생각해보았다. 나는 그것이 선생님이라는 것을 새삼 느꼈다.

선생님들께서는 모든 일에 관심이 있으시다는 것을…….

서운함과 아쉬움

- 1980년 5월 14일.

아빠께서 오늘 부득이 한 사정으로 인하여 약주를 드셨다는 말씀을 듣고 '역시 아빠께서는 나를 잘 아시는구나.'하고 생각했다.

그리고 아버지께서 올가을에 이사를 간다는 말씀을 듣고 더욱 아쉬움이 컸다.

'아빠의 새 포부'는

첫째 : 고등학교까지의 우리들 교육

둘째 : 도시로 이사 가는 것이라고 하신다.

조국과 민족을 사랑하는 마음

- 1980년 5월 21일. 맑음.

이날도 큰 효과를 보지 못해서 빨리 원상태로 복구해야 할 텐데……. 부처님의 날도 이것 때문에 행복하지 못하겠다. 우리가 이런 일도 없어야겠고 이렇게 만들지도 말아야겠다.

아! 이 세계는 장차 어떻게 될 것인가? 만약 우리가 우리를 이기지 못하면 우리는 망할 것이다. 우리를 이겨야 한다. 많은 유언비어가 나돌고 있는데 조심하고, 막을 수 있다면 최대한의 힘을 다할 때까지 막아야 한다.

"우리의 주 예수그리스도께서는 이와 같은 사람들을 보시고 포악한 죄인들을 다스려주시고 하나님의 은총이 계속되길 기도합니다. 아멘."

제 22 호

상 장

孝행상

제 3 학년

성명 오중영

위 사람은 孝행이 지극하였으므로 이 상장을 줌

1980 년 6 월 14 일

광산본량중학교장 이 준 상

너 자신을 알라

- 1980년 7월 16일.

학교의 명예란 막중한 책임감 안고 학교여? 번창하라.

1. 호국 안보에 앞장서는 학교
2. 아름다운 학교
3. 열심히 공부하는 학교

이런 학교가 되리라. 이렇게 되기 위해서는 우리의 노력이 필요하다. '너 자신을 알라.'라고 소크라테스가 한 말이 있다. 우리는 이 말을 아직 모르는 것 같다.

열심히 싸워라, 열심히 하고 노력하는 자 만이 지날 수 있는 아주 멋지고 아름다운 길을 만들어, 우리의 영생이 아름답게 살 수 있도록 주님의 은총이 있기를 두 손 모아 비나이다. - 아멘-

'나의 정신을 받을 자들이여 나를 믿으라.' 그러면 알게 될 것이다. 나의 모든 것을……. 정직한 하루가 아니었다면 오늘을 아름답게 보낼 수 없을 것이며, 그렇지 않은 하루는 아름다움이 가득 찬 하루가 될 것이다. - '나'에서-

제 3385호

표 창 장

장려상 본량중 학교

오 중 영

위는 제 26회 광산군 과학 전람회 에서 두서와 같이 우수한 성적을 거양하였기로 이에 표창함

1980년 8월 5일

광산군 교육장 문 제 술

경축 '광복 서른다섯 돌'

- 1980년 8월 15일.

▲ 증조할아버지이신 의재 오상열 의사 진영

경축, 오늘은 서른다섯 돌 광복절이다.

우리 증조할아버지 오상렬 의사[13]께서는 스물여덟 살에 의병장으로 출정하시어 이듬해 사호치 전투에서 도통장 직분으로 맹렬히 일본군 대부대와 대치하여 45일간 치열한 전투를 전개하여 적에게 막대한 손실을 주는 전공을 세웠으나 적의 총탄에 맞아 현장에서 순국하셨다.

그 당시 왜병은 '모두 도망가는데 너는 왜 도망가지 않느냐?'고 했을 때 증조부님께서는 '내가 지금 도망가서 갈 곳이 어디 있느냐? 장수는 전장에서 죽는다! 그러나 영원히 죽지 않는다. 어서 쏴라!'라고 하시며 왜병 총탄에 현장에서 순국하셨다.

그 후 '증조모님(대구배씨 ; 배광산)께서도 의병장의 가족이다'하여 감옥살이와 구타 등 고조부님과 함께 힘든 나날 살으시다 33세에 3

13) 오상열(1879, 고종16 ~1907) 조선 말기의 의병장,
2020. 06. 06. 의재오상열의사선양회 발족(초대회장 故오종식),
2021. 06. 06. 국립대전현충원 부부안장 예정, 묘역 및 출정길 관련 문화재 추진 중

살짜리 아들(조부님)을 홀로 두시고 세상을 떠나셨다. 이러한 역사 속의 증조부님을 생각하니 가슴 속에서부터 뜨거움이 올라온다.

그래서 나는 언제든지 나라가 나를 필요로 한다면 언제든지 나가 죽을 각오로 살고 있다.

직접 겪어보지 않은 광복절이지만 우리 순국선열 선조의 업적이니 먼저 선조를 생각해야겠다. 그러한 순국선열이 안 계셨다면 어찌 우리가 있을 것이며 어찌 이렇듯 살아갈 수 있었을 것인가!

오천 년 역사가 우리를 비추고 있다. 우리는 중단 없는 전진을 할 것이며 부강한 나라를 이룩해야 할 것이다.

오늘 최선을 다하자

- 1980년 8월 20일.

오늘은 외할머니 생신이다.

'오늘 할 일은 오늘에 처리', '오늘 일을 내일로 미루지 말라.'는 말도 있듯이 나는 그렇다.

얼마의 분량이 놓였으면, 이걸 저녁 안에 전부 처리를 해야만 아침까지 걱정치 않고 잠과 꿈의 세계를 뛰놀 수 있을 것이며, 그렇지 않았을 때는 지옥의 문 앞에 다다른 것처럼 귀신이 씌어서 나의 신경을 건드릴 것인데……. 한마디로, 일을 전부 끝내면 잠이 잘 오고 일을 전부 끝내지 못하면 잠이 잘 오지 않을 것은 뻔한 일이다. 일을 전부 끝내지 못하면 마음이 놓이지 않는다.

오늘 일은 내일로 미루지 말자.
보고도 못 본 척하지 말자.
할 말이 있어도 꾹 참자.
현대를 직장인으로 살아가는 지혜를 배우자.

일로써 몸을 단련하자

- 1980년 10월 1일.

"일로써 나의 몸을 단련하련다."

노력하지 않고 얻는 결실은 보람이 적을 것이다.

사람이 할 수 있는 한계까지는 어떠한 역경이 닥쳐올지라도 나는 그 역경을 타개해보련다. 그래서 적은 힘이나마 보람 있게 사회에서 좀먹어 들어오는 쓸모없는 불독견을 소탕하고 막아내어 보람되고 활기 있는 생활, 삶을 누리고저 우리는 이 아침도 호미 들고 삽 매고 일터로 향해 경주에 경주를 하고 있지 않은가?!

일에서 보람을 갖고 삶을 찾는다는 것은 참 벅찬 생활을 하지 않고는 이룩될 수 없을 것이며 바라지도 말아야할 것이다. 일, 일, 일…….

우리는 일로써 수학해야 정당한 수학단련을 했다 할 것이다.

나를 보는 시간

- 1980년 10월 12일.

'나의 결정'이란 단어에 대해 고민해본다.

남을 위해 나의 평생을 희생, 봉사할 것인가? 아니면 나를 위해 나의 길을 갈 것인가? 참 나는 이상하다 이런 문제 때문에 애타게 바라는 마음이 있다니, 나는 역시 그런가 보다. 나는 역시 그렇게 살아야 되나 보다. 나는 역시 그렇지도 않다. 나는 역시 그런 일의 보람을 느끼고 있다. 나는 역시 그렇게 되고자 바라고 있는지도 모른다. 나는 역시 그것을 보고자 한다. 나는 역시 그것이 좋다. 나는 역시 그걸 장려하고 싶다. 그런데 왜 나는 두 문제를 제안했을까. 첫 번째 걸 채택했으련만, 아마도 너는 그랬나 보다.

제광 18 호

상 장

표어부 부문 광산본량중학교

성명 오 중 영

위는 본도협의회와 전남매일신문사 공동 주최로 올바른 국가관 정립과 안보의식을 고취코져 공모한 학생백일장에서 두서와 같이 입상하였기로 이에 상장을 수여함

1980 년 10 월 27 일

총력안보 전라남도 협의회

회 장 박 동 복

11월의 마지막 날을 붙들고 싶다

- 1980년 11월 30일.

30일! 11월의 마지막이구나. 11월을 끝내려고 보니까 막상 11월을 그대로 놓아주고 싶지가 않은 심정 이해하라, 세월아. 이 내 몸은 이해를 지내려면 이 11월이 계속 머물러주었으면 하는 마음 간절할 뿐이다.

아! 그러나 이제 후회한들 무슨 소용이러니, 나의 처지를 알고 그냥 쓰러지느냐 보다는 끝까지 분투하여 인생의 새로운 길을 나 스스로가 잡아야겠다.

'예수께서 가라사대 내가 곧 생명의 떡이니 나에게 오는 자는 결코 주리지 않고, 나를 믿는 자는 영원히 목마르지 않으리라.'(요한복음 6장 35절)

우리 모두 전도합시다.

선생님, 그게 아니었습니다

- 1980년 12월 1일.

선생님께!

지난 번 내장사에서 제가 말씀드릴 때 말입니다. 그때 저는 선생님께 '저 내일 선생님 무슨 일 없으신지요?' 제가 물으면서 '부모님이랑 함께 같이 가기 때문에 선생님 별 일 없으면…….' 이런 순간 선생님께서는 '아, 나는 전번에 다녀왔다.'하시면서 저쪽으로 가셨지요. 그러나 제 말씀 좀 들어보세요. 저는 그 말끝에 '다녀오겠습니다.'하려 했습니다만 선생님께서 그렇게 말씀하셨는데 제가 어찌 그것은 아니라고 우기면서 선생님을 실망시키겠습니까?

제 말은 다름이 아니라 "선생님께 아무 일 없으면, 그러니까 제가 댁에 가서 도울 일이 없으면."의 뜻이었습니다. 선생님 실망하셨겠죠. 저는 압니다. 동행(同行)은 하지 않으신다 하셨다 하여도 사람이란, 뒤에는 약간의 후회는 있는 법입니다. 정말 저는 선생님께 대단히 죄송한마음을 금할 길 없군요. 이번 것으로 인해 다음에 꼭 선생님을 모시겠습니다.

안녕히 계십시오.

- 제자, 오중영 드림

미안한마음

- 1980년 12월 3일.

오늘은 바람이 차가웠다. 뭔가가 달라질 것만 같다. 청소시간에도…….

하교시간이다. 이때도……, 집으로 올 때도 나는 모두에게 얼마나 미안한지 바람 때문인지 나의 심리 때문인지, 날이 추워 다른 이의 눈초리 때문인지 나의 할 것을 못했다.

미안할 뿐이다. 어떻게 할까, 도와야지. 기회를 만들었다. 그렇지만 그 기회는 헛되었다. 알맞은 위치에 맞지 않는다. 나와 종뢰는 마냥 바람을 헤치며 그 비바람 속을 연기 속에 대포 나가듯 아주 쏜살같이 달려 집으로 오면서 미안하기만 했다. 다시 한 번 이런 기회를 포착했을 때는 놓치지 않아야겠다.

유비무환

- 1980년 12월 22일.

"목마를 때 우물 파고, 난리난 걸 보고 활 만든다, 소 잃고 외양간 고치고, 버스 간 뒤 손들고, 사또 뜬 뒤 나발 분다."

자기 목이 말라서야 우물을 파고, 난리가 난 뒤에야 활 만들고 소를 잃은 뒤에 외양간 고치고 버스 오기 전에 손을 들어 표시해야 할 것을 버스 뜬 뒤에 손들어 차 세우려 하며, 사또가 오기 전에 행차 나팔을 불어야지 떠나간 뒤에야 나팔을 부니 어떻게 되겠는가?

일이란 매사에 준비가 있어야 하는 법, 그래서 우리 선조들은 미리미리 준비하라는 말을 잊지 않았다. 이율곡 선생은 '10만 양병을 주장하여 일본의 침입을 경계했으니, 아무도 귀 기울이지 않아 난리를 당했고, 충무공 같은 이는 미리 거북선을 만들어 일본의 침입 때에 크게 이길 수 있었다.' 이같이 모든 일에 심사숙고하는 것은 모두가 아는 바이기에 긴 말은 하지 않겠으나, 무엇보다 내가 주장하는 것은 '유비무환'이다. 준비를 해놓으면 걱정이 없듯이 언제나 준비를 해야 한다. 공부도 마찬가지 듯이 처음에 예습이 1시간 하는 수업의 분위기를 좌우한다는 것을 주장하고 싶은 것이다.

"맞붙이자 로스 떨어진다."는 말이 있듯이 끝날 때 잘해야지 하는 마음보다는 시작할 때 잘해야 잘 될 수 있다기보다는 뒷일이 편한 시간이 될 수 있다는 것을 우리는 가슴 깊이 새겨서 너 나 없는 이 세상에서 우리 함께 힘껏 뛰어보자.

파손되어 후회 말고 유비무환 되새기자.

눈을 치우다

- 1980년 12월 25일. 눈.

누가 생각이나 했으랴. 화이트크리스마스 저녁에 내린 눈을 모두 치운다. 정말 한편으로는 기쁜 마음 한이 없구나.

눈 처리!

밤새 쌓인 눈은 천지를 환하게 한다. 그걸 보는 마음들은 맑고 밝고 훈훈하기만 하다. 그런 눈을 비로 쓸기에는 아깝고 서운할 정도이다. 계속 쏟아지는 눈 그리고 쌓여있는 눈들, 계속 깨끗해지는 마음들……. 한없이 밝은 세상들, 이런 세상에 살고 있는 동식물들은 행복하다. 조금 동안 쓸기를 멈추고 있노라면 금세 쌓인 눈들…….

아! 지상낙원이란 어떤 때를 두고 한 말인가 그렇지만 한 가지 슬프다. 이같이 즐기운 성탄을 웃지도 못하고 강제 노동과 군사훈련을 이리 추워도 무릅쓰고 당해야하는 북한 시민들 하루빨리 통일이 되어야 할 텐데.

"그러나 너희들은 남침 야욕 꿈도 어리석다. 우리의 군사력과 막강한 준비를 착수하고 있기 때문이다."

나는 하얀 눈을 보면서 이런 생각과 성심껏 노력할 것을 굳게 다짐한다.

나의 꿈

- 1981년 1월 14일.

TV 버라이어티 쇼 '웃으면 복이 와요.'에서 코미디 드라마라곤 하지만 실감난다. 과연 알고 봐야 한다는 것을, 나도 할 거다. 그래서 나의 작은 꿈이지만 외교관이란 간판을 내 등에 달고 싶다. 모든 것을 능통한 다음에 나도 그렇게 잘할 수 있다면…….

꿈이 실현되길 바라며 인내와 노력과 함께 더불어 하나님께 기도한다. 전지전능하신 하나님, 꼭 나의 꿈이 실현되길 보살펴주십시오. 당신의 아들 예수 그리스도의 이름으로 기도하옵나이다. 아멘.

이주일 선생님이 생각난다.

밤새 울던 날

- 1981년 1월 29일.

딱 잘라 거절을 못 하겠어. 상대가 어리지만 이럴 땐 어떻게 대답해야 할지, 할 줄 모르면서 안 해주면 내 마음도 편하지만 잘 하진 못하지만 약간 부족하지 않게 끔은 할 수 있는데 못해 주는 게 정말 마음 아프다.

형의 마음은? 오늘은 어쩐지 형의 태도가 마음에 걸린다. 나에게 전부를 맡기는 듯한 느낌을 받는다. 드디어 불꽃은 튀었다. 공교롭게도 국과 같이 데우려던 무나물이 국에 잠겨버렸다. 형은 "이제 국 맛 좋겠다."하면서 나의 행동 하나하나를 꿰뚫어보면서 꼭 내가 그렇게 할 것처럼 만들어버렸다. 내 맘은 그게 아니었는데, 너무나 나의 뜻을 몰라주는 것 같다. 형이라지만, 나는 그만 무나물을 끄집어내다가 뜨거워서 그만 엎어버렸다. 그러나 절대로 고의는 아니었다. 그러자 형은 또 한마디 내뱉었다 "너 이 자식 성질 나오는구나, 야! 이 자식아, 너 없어도 할 수 있다. 인마."하면서 이제 써먹을 만큼 써먹고 버린 것 같은 느낌을 받게끔 하여서 다시 한 번 눈물이 나오려다 들어간다.

나는 이를 악 물고 버스에 올랐다. 오면서 많은 것을 생각했다. 이렇게 하고 보니 내가 너무 형의 마음을 몰랐던 것 같다. 난 역시 눈물이 많은가봐 하며 마음속으로 울었다. 밤도 하얗게 새면서…….

의문의 생각

- 1981년 2월 8일.

"Life is change(undergo a change) = turn"

인생(삶)이란 시시각각 변하고 변하는 것인가? 비참한 하루였다. 아! '믿는 도끼 발등 찍힌다.'는 그 옛말 하나도 한곳도 어긋나고 모자람이 없다. 나는 그래서 인생이 있는 곳에서는 인생(나의 하루)을 이루지 못하고 우울해하나 보다. 비참한 일이로다.

아! '윗물이 맑아야 아랫물이 맑다.'는 그 옛말, 생각할수록 빈틈없는 옛 어른들의 가르치심이다. 사실 나는 이런 조상(현 시대 선배님들)들의 마음은 이해하지만 그럴 수가 있느냐는 의문의 생각을 계속 되뇌인다.

아, 아, 아, 아.

요즘 선양회 일을 하면서 한 분 한 분의 모습에서도 그것을 느낀다.

책임에 대한 생각

- 1981년 2월 11일.

'책임' 이것이 얼마나 크나큰 중요한 것인지! '안 해도 되겠지!'하고 마음먹으면 이미 책임은 무시되고 말 것이다. 반면에 '해야 한다. 안 하면 안 돼.'하는 생각을 하면 무엇인가 자기 앞에 빽빽이 들어찬 느낌이 들게 마련이다. '책임' 이것이 있으면 자기는 노력과 함께 그 목표를 향해 뛰게 될 것이므로 끊임없는 발전과 영광이 계속될 것이며, 만약 그것이 없다면 그는 절망과 비통에 잠겨 어느 한 구렁텅이만 눈에 비추고 자기 몸은 이미 폐쇄돼 있을 것이다. 그럼 나의 위치는 어떠한가? 나는 우리 각자가 자기의 '책임', 이것을 검토해볼 여지가 있다고 본다.

말과 행동을 일치시켜야지. 그렇게 노력하자.

나를 찾아가는 삶

- 1981년 2월 12일.

인간 심리에 대해서, 옛 것을 다시 찾아서 갈고 다듬느냐. 아니면 이 현실을 그대로 아무 반성도 사후의 일도 생각지 않고 유행에 맞춰 요령껏 사느냐 하는 게 지금으로선 나에겐 정말 중요해. 나는 내가 복구주의인 것을 어떻게 생각하느냐. 나는 다른 뜻은 없다.

정의로운 것은 무엇인가? 모든 사람들에게 폐를 끼치지 않는 그런 일을 하고 싶을 뿐이다. 과연 그런 일들은 어디에 있나? 그것은 모든 것이 그러하듯이 우리 아주 가까운 내 몸 가까운 근처에 있는 것이다. 그것은 하나하나 이 일 저 일 해가면서 나타나게 되리라 생각하므로 마냥 그것을 찾고 또 찾아 개척하고 다듬으려하는 것뿐이다.

3부

고등학교 일기

1982년 2월 ~ 1984년 2월

광주고등학교 예비소집일

- 1981년 2월 24일.

침착성 부족으로 생긴 일의 뒤는 뻔 할까? 아니면?

오늘은 광주고등학교 예비소집일이다. 다른 날보다 더 빨리 일어나 세면을 했다. 동녘의 햇살은 보람 있게 하루를 보내는 이에게 한껏 비추고파 이른 아침부터 노력하고 있는 것이다. 오늘 아침 이 광경을 바라보노라니 옛날의 나의 생각이 미비했음을 금방 알 수 있었다.

일찍 본교에 도착해서 제일 먼저 호주머니를 뒤졌다. 오늘 예비소집하게 된 그것을 찾기 위해서였다. 그러나 나는 놀라고 말았다. 아! 여기서 내 인생은 끝나야하는가? 내 가슴은 덩덩 방아를 찧고 마음은 집에 가 있었다. 그때는 옛날 같은 만화 생각이 나기도 했으나 그런 헛생각만 하고 있을 때가 아니라고 생각하며 뛰었다. 그러나 허탕이다.

교무실에 가서 사정하면 서무실로 가라하고 서무실로 가면 교무실로 가라는 식으로 그것은 나올 길이 없었다. 그때 나는 선생님이 늘 말씀하시던 것이 생각났다. '앞으로나 뒤로나 서울만 가면 된다.'는 그 말씀을 되새겨가지고 교문으로 뛰었다. 무조건 택시를 잡아탔다. 용케 운전기사 아저씨께서는 내 사정을 아셔서 규정속도를 벗어나기도 할 때는 안절부절 하시는 기색이 보였다. 차 안에 있을 땐 벌써 마음은 집에 가 있었다. 이제는 시간이 조금밖에 없다. 집에 도착했는데, 차비 이제 문제구나.

아저씨께서 나의 사정과 가정사정을 대강 짐작하시는 지라 워낙이

먼 거리가 있기 때문에 10,000원보다는 약간 적게 해주셨다. 그럴 때 내 맘을 찢어지는 것만 같았다. 그러나 곧 가슴을 움켜쥐고 또 뛰었다. 이제는 더 급하게 됐다. 계속 달릴 때 나는 내 정신이 아니었다.

학교 정문에 닿았다. 10시까진데 10시 10분이 약간 지났다. 사정해야지 하고 들어갔다. 나중에 알고 나니 그 종이를 그때서야 내놓으며 지금 없는 사람 가져가라고 했다. 그때는 참 학교 당국이 더없이 미웠다. 그렇게 고생하고 나니깐……, 실은 내 잘못인데 (택시 번호) 기사 아저씨께 다시 뵐 날을 약속하면서 헤어질 때 진정 고마움 같은 걸 그 아저씨께 느꼈다.

급할수록 돌아가라.
길 외에 길이 있다.
모든 것에는 예외가 있다.

좌우명

- 1981년 2월 25일.

약속 철저하게, 이해 철저하게 하자.

사람에게 있어서 약속이란 사람 자신의 좌우명이라 해도 과언이 아닐 것 같다. 아무리 어쩌고저쩌고 하는 사람도 이게 없으면 모든 일이 다 허사가 되는 것이다. 나는 어떤 쪽인가? 약속을 잘 지켜서 이행하는 편? 아니면 허다하게 풍자만 늘어놓는 그런 약속 못 지키는 편? 약속을 지키자! 우리는 또 사람과 사람 사이의 이해가 가장 절실히 바래진다. 조그만 일에도 사사건건 이유를 달아서 상대방의 기분을 언짢게 한다면 이것은 곧 이해력이 부족했다고 본다. 이해에서도 사람의 마음을 조금은 꿰뚫어볼 것 같다. 사람이란 어디엔가 단점이 있기 마련이니까.

그럼 나는 어느 쪽인가? 이해심을 기르자!

엄마가 맹장염에 걸리다

- 1981년 4월 19일.

학교 하교 후 집으로 곧장 뛰었다. 거기서 오는데 자꾸만 입에서 예감이 불길한 노래가 자꾸만 나오려고 나의 억제를 깨뜨리려 했다. 집에 들르기 전에 큰댁에 먼저 들렀더니 할아버지께서 엄마가 '맹장'이라는 작고도 큰 병으로 누워있다고 말씀하셨다.

나는 그 말씀을 듣는 순간 아찔했다. 그러나 곧 나는 냉정을 찾을 수 있었다. 집에 와보니 역시 엄마께서는 누워계셨다. 나는 더욱 더 크고 애절한 처음으로 이렇게 "엄마"를 shout, 그러나 엄마의 대답은 너무나도 가냘픈, 도저히 들리지도 않을 목소리로 "빨리 오는구나."하셨나. 눈에서는 곧 눈물이 나올 것만 같았다. 그 눈물을 억제하여 엄마를 계속 뵙고 있노라니, 괜히 내 맘만 찢어지는 듯 우울했다. 우리를 가르쳐보겠다는 그 노력, 어머니께서는 그렇게 지금껏 해오셨으나 아무런 보람도 찾지 못하시고 마냥 고생만 하시는 것이 안쓰럽게 보일 때가 한두 번이 아니었다. 그럴 때면 나의 마음은 더욱 굳어져 열심히 공부해서 진짜 학생이 되고 싶은 것이다. 그 마음은 더욱 확산되어 나를 더욱 울리고 웃기는 신경이 발전하게 되었다. 그 신경은 사람을 보는 그러한 눈을 갖게 되었다. 한 가지 미신 같기도 하지만 어쩐지 그것을 믿고 싶다.

제군들아. 자아를 깨닫고 한 발 한 발 내딛는 그 걸음이 어쩐지 무겁지가 않은가? 무겁다면 그건 분명 뭔가를 생각하는 것이랄까. 정말

이렇게 내 맘을 흔드는 그 요인은 과연 무엇이란 말이냐? 모두가 세상에 있는 것은 아니다.

천신에 의해서 나는 움직이고 있는 것이다. 나는 마음속으로 하나님께 빌었다. '저의 죄를 용서하소서, 그리고 저의 엄마를 하루 속히 완쾌되시도록 살펴 주십사.'하고 말이다. 그렇게 하는 순간에도 가슴은 찡했다.

반성하자

- 1981년 5월 6일.

내가 그런 추한 짓을 했다니……. 어떤 마음에서 나는 그에게 아쉬운 소리를 하여가며 이득은 없었던가. 사실이 말인데 내가 그걸 바라는 마음이 하나도 없지는 않았다. 약간은 있었으나 전부를 삼키려는 그런 마음은 꿀떡만큼도 없었다. 역시 나는 나의 주관대로 살아야지 사회의 물결에 같이 휩싸여가기는 정말 싫구나.

반성하자. 반성하자. 이렇듯 굳게 마음먹고 반성은 제대로 하자. 그걸 실천하는 게 나에게는 부족한 것 같다. 이 점만 고쳐야지. 또 나에게 고쳐야 할 것이 무엇이 있을까?

자식! 네가 고쳐야 할 것도 모르고 생활하느냐? 사실, 자기의 잘못, 고쳐야 할 것을 알 면은 자연히 잘 되게 마련인데…….

나는 나를 알지만 모르는 척 하고 있거나 아직 알아차리지 못하여 계속 진화하지 못하는 것이다.

나쁜 말을 추방하자

- 1981년 6월 13일.

내가 초등학교 때 들어보고 오늘 들어보는 그 한마디는 '돼지'였다. 초등학교 때엔 그 애들이 나에게는 가장 싫은 친구가 됐다. 그럴 때마다 너희들 두고 보자. 하는 식으로 그 대명사를 좋아하지는 않았던 것인데 오늘 그 소릴 듣고 나니 내 기분은 그지없이 저기압이다. 나는 왜 그때 참지 못했는가? 그런 불상사가 일어나게 하다니? 다칠 뻔까지 했던 그런 순간도 있지 않았는가. 내가 그런 사람을 싫어했으면 상대하지 않았어야 했는데 내가 아직 덜 배웠나보다.

그래서 나는 그에게 들은 제일 저속한 말들을 알지도 못하지만 잊지 않고 기억한다. 내가 그 말들을 했던 모든 나쁜 말을 이 세상에서 배제하고 추방해야겠다. 오늘도 그 생각이 절로 나는구나. 그러지 않으려 해도…….

교련 시간

- 1981년 6월 26일.

교련 시간이다. 선생님의 말씀이 잊혀지질 않는구나.

"얄팍한 잔꾀를 쓰지 마라. 부지런한 개미가 되고 미련한 곰이 되어야지, 간사하게 얇은 꾀를 쓰는 여우가 영원히 되지 않도록 해라. 알았나?"

일제히 쏟아져 나오는 대답소리는 컸다.

전보다 뭔가 다른 그런 것을 보여주겠다는 뜻이 담기기도 했다. 내가 왜 그 순간에 그런 생각을 가졌던가? 나의 확실한 주관을 찾자. 바른 인간이 되기 위해 배우고 있지 않은가?

"배운 대로 행동하라."는 선생의 말씀이 나의 귓전을 스쳐 지나가는구나.

인정 많은 사람들 세상

- 1981년 7월 7일.

결과는 어떠했던 동기가 중요하여 "O형의 피를 급히 구합니다."하는 라디오에서 흘러나옴에, 내 마음은 갑자기 찡하니 심금을 울린다. 왜 일까? 동정심? 당위성? 모두가 아니다. 마음에서 우러나왔을 것이다.

"전대병원 응급실입니까?"

"예."

"O형의 피를 급히 구한다기에……."

"감사합니다. 시민의 높은 성의에 완치되고 있습니다."

"알겠습니다. 수고하십시오."

나는 들었다. 아직도 인간의 인정만은 남았구나. 그런데 과연 그 사람은 누굴까? 농촌사람, 도시사람, 부자, 가난 그 어떤 사람이든 나도 그쪽을 택하겠다.

새벽, 모든 생의 평등

- 1981년 7월 26일.

새벽!

과연 나는 이 위치에서 어느 길을 선택해야 되는가? 나의 장래가 의례 의심스러울 뿐이다. 과연 그렇다.(mothen speech) 우린 그랬어.(4 brothers & sisters) 이제부터라도, 어머니께서 그런 의미에서 말씀하신 걸로 알고 고쳐야지. 이렇게 생각하고 보니 옛날이 매우 죄스러울 뿐, 그때로선 과연 누구한테 내보이지 못할 만큼이나 못했으니 이 일을 어찌할지. 이 자리에서 이러는 이분을 어떻게 할 거냐? 아니면, 그 대화의 대상이신 그분을 어떻게 해야 할지 이 몸 과히 간단하지 못하겠구나. 안다. 모른다 해도 이 모든 것은 경제이러니 모든 생의 평등이라 하노니.

TO

- 1981년 7월 27일.

비밀(secret)은 깨어지고 말았구나.

내가 하고 있는 부드럽고 순수하게 가족을 대하는 것이 어떠냐. 네 마음에 들지 않느냐? 네가 나에게 letter를 해줄 때 나는 아무것도 몰랐었다. 그러나 막상 이렇게 소식이 끊기다보니 그때의 일이 후회도 되고, 고맙기도 하더구나. TO! 나는 그대를 생각하면 TO를 looks like see 하지도 못하겠어. 미안한마음이 앞서는 바람에 나는 특정 짓지 않는 성미다. TO도 그런가. 그러나 TO만은 달라. 그건 나도 모르지만, 어쩐지 TO는 잊기가 싫어지는 걸 어떡하니? 지금 TO는 나를 한시라도 생각하신 적이 있는지요. 만약 생각해주신다면 저는 더 없이 기쁠 뿐이오. 그러나 생각지 않았다 해도 노여워하지 않겠노라.

잊혀지지 않는구나.

알 수 없는 불쾌감

- 1981년 7월 29일.

오늘은 어쩐지 기분이 좋지 않다. 왠지는 모르겠다. 어떠한 열등감 때문인가? 아니다. 그럴 수는 없는 이 시대이기에 그런 것을 있지 않을 것이요. 그럼 뭘까? 아, 작업이 서툴러서 그렇단 말인가? 그런 것도 아닌데, 몸이 아주 피곤하구나. 도덕 공부를 하는데 만사가 귀찮구나.

오늘 어떤 소리를 들어도, 아무리 웃겼다 할지라도, 안면엔 화색이 돌 줄 모르는데, 마냥 생각에 잠긴 채 역시 옛말이 맞는구나. 안 보다보니 약간 그렇구나. 이제부터 사사에는 상종하지 않으리다.

나를 알다

- 1981년 8월 9일.

나의 허점과 나의 결점은? 과연 이런 것들은 어느 면에서 나타나는가? 나는 오늘에야 알았다.

웃는 데서다. 이것은 내가 옛날부터 걱정하고 있는 점이었던 것이다. 그런데 오늘 확실히, 결정적인 순간에 알게 된 것이다.

어떻게 해야 될까? 그렇다고 나오는 웃음을 참으란 말이냐. 그렇게 되면 나의 얼굴엔 또 하나의 인상이 잡힐 뿐이다.

나는 판단하리라. 그때그때 순간적으로 사리를 판단하여 웃고 행동하리라. 어쩔 땐 순간적일 때가 있는데 그 실수를 어떻게 감당할 수 있는가 말이다. 내가 우선 자중하는 가장 중요한 과제가 되고 있는 것 같구나.

"너 자신을 알라!"

인생무상

- 1981년 8월 15일.

일생의 갈림길. 이승과 저승?

이것이 과연 어떤 힘을 작용키에 이토록 불상사가 일어난단 말인가. 인간은 한 번 나서 죽는 것은 당연지사이나 이거 너무 빠르지 않느냐는 말이다. 살고 간 흔적이라도 남아야 할 거 아니냐, 그 말이다. 이런데서 인생무상을 감상케 하는구나. 인간의 갈 길은? 이런 험한 두 길을 가는데 인간 스스로가 느끼고 있는지는 모르나. 아직은 인간이 너무나도 생에 있어서 환호성을 느끼지 못하는 것만 같구나. 자유자재로 행동하고 말하는 것이 염라대왕께서 너무나 마땅치 않는 것이다. 그래서 이런 불상사 유발하게 되는구나.

잘 가라! 부모보다 먼저 간 건 불효지만 하늘의 이칠 깰 순 없지.

돈! 이것이 무엇인가

- 1981년 8월 30일.

돈! 이것이 무엇인가? 무엇이기에 이토록 모든 이를 슬프고 괴롭게 만드는 걸까? 배우고 싶은 자에게 돈이란 배움과는 아무 관계가 없는 것이 그 길을 방해한단 말이냐. 주일이면 집에 한 번씩 찾아가서 돈을 타오려면 돈 때문에 괴로워하시는 부모님의 그 무거운 표정을 배우는 자식이 뵈자면 배움이란 것이 이런 건가? 왜 이토록 불공평한가 말이다.

공부를 하려해도 돈 때문에 부모님께서 싸우시는 것을 잊을 수가 없기에 우울하기만 하여 공부는 되지 않고, 울음만 나올 뿐이다. 이 공평하지 못함을 타개하여 우리 같은 영세민들이 공부한다 하여 쉽게 어떠한 자리에 들어간다는 것도 쉽지 않은 문제다. 그것도 모두 돈이다. 그렇고 그런 사람들끼리 모사를 하고 하기 때문에, 돈 없는 사람은 착하게 살려는 사람은 길이 없다. 그러나 마음 약한 우리 영세민들은 거짓을 할 수가 없는 것이다. 비리가 없다고는 하지만 모르게 할 뿐, 아직도 남은 것 같다. 이런 면에서 찾아볼 것 같다. 그러나 그런 사람들에게 지지 않기 위해 오늘도 열심히 하고 있다. 그리고 그들을 영원히 저주하리라.

어머니 마음으로 나를 알다

- 1981년 9월 15일.

어릴 적부터 티끌 하나 묻지 않게 길러주시던 그 고맙고도 아름다운, 무엇보다도 넓은 그 마음!

자라선 "내 자식, 내 자식"하며 착하고 아름답고 건강하게 자라길 바라면서 밤낮으로 기도하시는 어머님의 깊은 마음이다.

배움에 도장에 나설 땐 끝까지, 뼈가 깨지는 그날까지 오직 배움의 경지에 도달할 수 있도록 뒷받침해주시는 어머님의 열의 높으신 마음. 배움의 경지를 다했을 때 비로소 어머니와 자식의 단계는 변환한다.

노모의 마음은 어린애와 같다고 나는 누군가에게 들어서 아는 바이다. 평생 고생하시다 이제야 허리 펼까 하는데 새로 온 이의 눈초리에 항상 편할 날이 없이 마냥 하루하루를 한과 함께 지새우다 일어나시질 않누나.

아! 슬프다. 이래서 이승의 슬픔과 저승의 슬픔은 외롭다 하나 보다.

노고에 사뭇 감사드리옵니다.

어머님 은혜에 감사를 드리며

- 1981년 10월 6일.

어머님 은혜에 감사합니다.

내가 어릴 때, 재롱만 필 때, 사색에 잠기지 못할 때, 말썽꾸러기 장난꾸러기일 때, 어머니께선 우릴 이해하시고 용기를 북돋워주시던 그때, 그 인자하신 마음은 얼마나 숭고하실까? 어머니께선 어떻게 하시든 겉으로 신경질적으로 대하지만 나에게 의지할 곳, 그곳은 아! 어머니의 따스하고 포근한 정이 맴도는 품이 아니겠어.

약간의 철이 들 때, 사건 투성이 일 때, 정서를 알고 사색에 잠길 때, 우리가 가야할 판단 시기에 어머니께선 우리에게 정직과 아름다운 마음을 가르쳐주었다.

청소년으로 지날 때 성숙해질 때, 어머니께서도 더욱 신경을 쓰게 되어 이럴 때, 그 늙음이란 것을 갖게 되는 것을 생각할 때, 나의 뜨거운 두 빰엔 뜨거운 그 무엇인가가 흘러내리는데 어쩔 수가 없었다.

이런 때 엄마의 마음은 얼마나 아프겠는가? 누구 엄마는 진짜 좋으셔, 우리 엄마도 좋지만? 하는 말이다. 얼마나, 얼마나 아프실까.

초교시절 도덕다리의 일이 생각난다.

육성회비를 꼭 가져와야한다는 선생님의 말씀을 지키려다 도덕다리까지 오셨는데, 나를 학교 보내려고 그곳까지 왔는데 나는 거기도 시락을 다리 밑으로 던져버렸다.

내려가셔서 도시락 들고 올라오시는데 경사를 못 올라오시며 자꾸

만 미끄러지셨다. 나는 거기서 엄마 손을 잡아드렸다. 아니 잡지 않을 수가 없었다.

상 장

우수상(시)

제 1 학년

오 중 영

위는 개교30주년 기념 백일장대회에서 그 성적이 우수하였으므로 이를 표창함

1981년10월25일

광주고등학교장 김 해 중

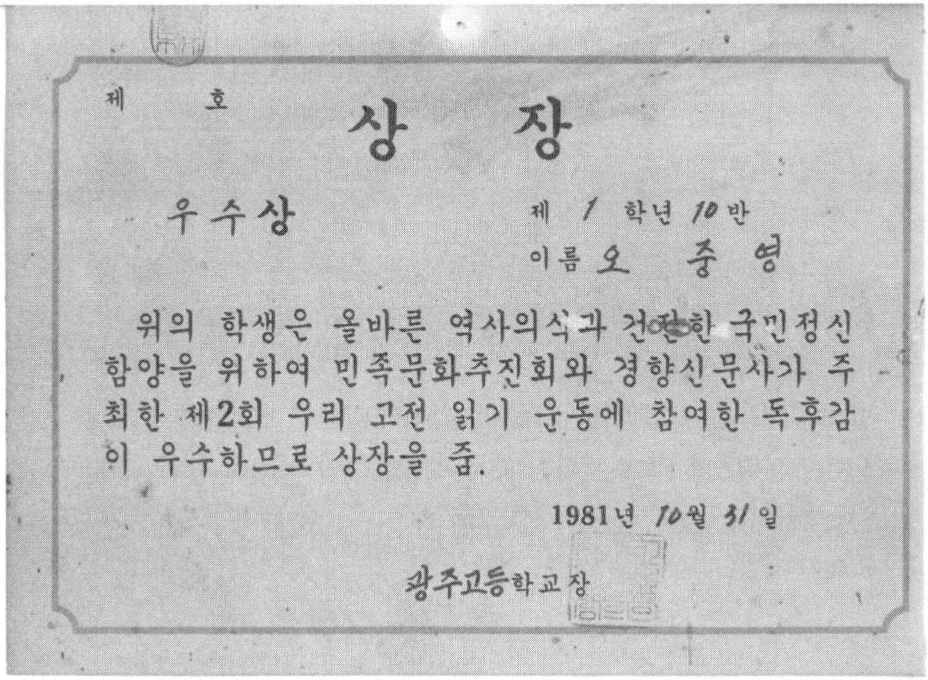

제 호

상 장

우수상

제 1 학년 10 반

이름 오 중 영

위의 학생은 올바른 역사의식과 건전한 국민정신 함양을 위하여 민족문화추진회와 경향신문사가 주최한 제2회 우리 고전 읽기 운동에 참여한 독후감이 우수하므로 상장을 줌.

1981년 10월 31일

광주고등학교장

최선의 효행 길

- 1981년 11월 21일.

아빠 뵐 낯이 없다. 말씀 드릴 것은 많은데 너무나 죄송해서 말씀 드릴 수가 없다. 글로 말씀드릴 때도 너무나 거짓말만 했기에 이제는 더 이상 아빠 엄마를 더 이상을 속일 수가 없구나. 하지만 직접 말씀 드려야지 그 죄송함을…….

왜 난 이렇도록 공부를 하지 않았을까. 이제는 이렇게 후회하지 않는가 말이다. 아직 우리 학생들에겐 공부가 부모님께 최선의 효행 길이란 걸 깨닫지 못하고 있다. 아니다. 그렇지 않았을 것이야. 나의 깨달음과 행동은 좋았던 거야. 하지만 알면서 실천했지만 죽을 만큼의 노력이 부족했던 거야! 나의 전신을 아꼈던 거야. 왜, 왜, 나는 그래야만 했는가?

아빠 엄마 정말 죄송합니다. 언젠가 꼭 기쁘게 해드리겠습니다.

시간은 기다려주지 않는다

- 1981년 12월 30일.

정직한 인간의 본성은 시시각각 변하고만 있는 것인가? 그렇게 해야만 현대시대엔 인생을 잘 보냈다고들 하는가? 아직도 앞길이 구만리 같은 젊은이들이 이렇듯 행동한다면 후세대엔 어찌 될 것인가? 물어보나 마나 어떤 큰 변화 없을 시는 뻔한 것이다. 지금보다 더한단 말이다. 아무리 서양의 행동과 문물을 받아들이는 시대이긴 하지만 큰 의미도 모르면서 그 행렬에 끼어있는 자신들을 아직도 발견치 못하고 있는가?

여러분! 여러분들께서는 아직 이릅니다. 젊은 세대들이여! 야망을 가집시다. 이 좋은 시기에 무엇 때문에 거리를 방황하고 있습니까? 여러분은 아무 이유도 없는 것이외다. 자신의 부모가 계신다면 마음이 들뜰 때나, 이치에 맞지 않는 행동을 하고 있을 때나, 마음에 갈등이 있을 때나 항상 자기를 위하시는 부모님들을 생각합시다. 여러분들께서는 아직 부모님들의 마음을 아직 헤아리지 못했군요. 빠른 시일에 느끼시도록 하시고 후세대를 위하고 당 세대를 위하여 자신들의 본성을 형용하지 맙시다.

소년은 늙기 쉽고 학문은 이루기 어렵나니, 젊었을 때 정열을 쏟아야 하겠습니다. 다 지나간 허송세월 후회한들 어떤 수가 생기리요. 오늘의 해는 다시 뜨지 않습니다. 모든 걸 긍정적으로 받아들이면서 한 가지 한 가지 일들을 처리해가면서 우리의 경험을 쌓읍시다.

여러분! 여러분의 재능은 무한한 것입니다. 그 발견을 위하여서는

무한한 노력을 경주해야만 되리라 생각됩니다.

걷지 말고 뜁시다. 시간은 우리를 기다려주지 않습니다.

부모님 마음으로 나를 다잡아야 합니다.

자신을 통제하는 법

- 1982년 1월 19일.

고쳐야 될 나의 성격.

우선 이 자리에서 돌이켜봐야 할 것이 있으리라 믿어 의심치 않는 바이다. 그건, 잘 나오다가 심정을 자극하는 한 단어와 부딪치는 순간, 난 그 순간부터 신경질적인 행동으로 시작하여 어떤 변화가 없는 한 그것을 계속적으로 하고 나면 나중에야 시간의 야속함과 나의 성찰을 해보곤 하였었다.

그런데 오늘도 그러한 연극이 시작됐다. 우선 난 또 이러나 보다 하고 엎드려 있으니 더욱 그것에 대해 생각이 멀어지질 않고 더욱 강해지기만 했었다. 난 여기서 귀중한 걸 발견했다는 것이 중요하다. 이렇듯 심적 갈등이 있을 때엔 어떤 다른 것에 정신을 쏟는 것. 여기에 공부를 한다면 좋은 결과를 가져올 거라고 생각된다.

다시 한 번 강조한다. 스스로 감정을 통제할 줄 알아야 한다는 것!

인생의 희로애락

- 1982년 2월 14일.

인생의 희로애락(喜怒哀樂)은 우리의 활동량 여하에 따라 다르다고 봅니다. 우리의 바람은 좋은 쪽인 것일 겁니다. 그 누가 피해인 쪽을 원하겠습니까?

우리의 혀끝은 예민합니다. 한 번 놀린 혀끝은 다시 처음 그 자리에 위치하기에 어려운 것입니다. 우리는 여기서도 그걸 강조할 수 있을 겁니다. 우리의 手足의 행동은 민첩합니다. 무엇에 대한 촉감은 우리의 대뇌에 전달되어 신경운동 작용근육에 의해 그것을 행하게 됩니다. 그것이 이로운 것도 있을 것이며 또한 해로운 것도 없다고는 못할 겁니다. 우리의 모든 기관(눈, 귀, 코, 혀, 몸)은 우리의 충만한 가슴을 욕망 충족에 더욱 부풀게 합니다. 욕망 충족, 우리는 이것을 위해 저것을 함께 지니는 것입니다.

자, 보십시오. 자신의 마음의 구석, 구석을 들여다보십시오. 보일 겁니다. 우리의 모두 모두가 원하는 그것이 야망의 긍지이지요.

괴로운 하루

- 1982년 3월 14일.

오늘처럼 괴로운 하루는 없었다. 평생 오늘이란 이 순간의 시간을 잊지 않을 것이다. 적게는 나 자신의 문제이며 그 다음으로는 부모의 치욕이며 우리 학교의 위신일 것이며, 세계적으로는 우리 국민 개인의 잘못으로 국민 전체의 국위는 땅으로 떨어질 것이리라.

아! 두렵다. 거기서 만약에 제일 먼저 초등학생 같은 아이들이 이 광경을 보았더라면 어찌했을까? 어떤 분이 보았을 지라도 나의 행동을 보고 우리 학교를 나무랄 것이다. 생각하니 앞이 아찔했다. 양 다리가 후들거렸다. 어쩔 수가 없었다. 여기서 내가 뭐랜들 이미 엎질러진 물이요. 쏘아버린 화살이니 말을 꺼내지 않은 것이 옳은 것이리라.

설명을 덧붙이면 나는 버스에 타서 앞에 앉아있는데 뭘 골똘히 생각에 잠겨있는데 안내양 누나가 나를 터치하면서 "할머니……." 뭐라 했다. 나는 급한마음에 얼른 위를 보았다. 80가량 된 노인 할머니께서 계셨다. 나는 '아차'했다. 내가 왜 그 할머니를 발견치 못했을까? 뭘 그렇게 골똘히 생각하고 있었기에……. 나는 그 누구에게도 용서받지 못할 죄를 저지른 것이다. 얼른 일어나 자리를 내드렸어야 했는데 말이다.

할머니 죄송합니다.

경주에서 하룻밤

- 1982년 4월 6일.

오늘 수학여행을 떠나려는 기분은? 어쩐지 가득 차지 못할 것만 같다. 어머님이 차 떠날 때까지 날 보시는 마음은 그렇게 외로워 보일 수가 없었다. 왜 그랬어요? 남들 자식들처럼 뭘 많이 못해줘서요? 아니면 모처럼 오랜 시간동안 타도에서 지내게 되는 자식이 잊혀지지 않아서 그렇게 얼굴에 환한 빛을 띄우지 못하셨습니까?

저는 어머님께서 생각하시는 그것과는 다릅니다. 매우 흐뭇해했어요. 어머님께서는 해주셨잖아요. 제가 학교에 남지 않고 친구들과 함께 산 경험을 쌓기 위한 도장에 나설 수 있도록 이 좋은 자리를 만들어주심에 더없이 부모님께 감사를 다시 한 번 감사했습니다.

형님들의 배려가 고맙다. 열심히 사는 것이 모든 분에게 보답이 되려나.

경주에서 하룻밤. 간밤에 비가 내린다. 잠은 오지 않고, 온갖 생각이 다 난다. 친우들의 기막힌 행동이 나의 시선과 정신을 게으르지 않게 해주었다. 역시 '中' 때의 이것과는 다름을 느꼈다. 절실히 피부로, 타지에 와서 느끼는 것. 향수리라. 왠지 진짜 고향의 것, 그 맛이 아닌 것 같다. 오늘 하루 과연 무엇을 보고 배웠는가?

가는 곳마다 새마을운동으로 도시화가 한참이다.

남원 운봉 99재를 지난다.

속이 좋지 않다.

경포대에서 하룻밤

- 1982년 4월 7일.

불국사를 답사하고 울산공단으로 향한 우리들, 한창 작업 중인 공장 내부를 볼 때 믿음직해보였다. 포항제철 역시 우리의 마음을 뿌듯하게 해주었다. 그런데 공해의 대책을 좀 더 큰 효과를 낼 수 있는 방법을 연구해야겠다는 것이 간절했다. 성류굴, 자연의 신비. 경탄에 경탄! 숙박지 경포대에 도착해서 하룻밤 그냥 일찍 잤다.

오늘은 짜증만 나는 하루였다. 인생을 펼치면서 온갖 고난을 지나게 마련이다. 그 가시밭길을 헤쳐 나가야 되는 것이다. 오늘 본 타도의 어린이들의 학교에서 배운 예절, 이따금씩 시선을 싫지 않게 해주는 개나리가 생각난다.

수학여행의 마지막 전날

- 1982년 4월 8일.

오늘은 날씨가 매우 좋을 것 같아 기분이 상쾌했다. 동해의 일출, 확실치는 않지만, 여기서 일은 벌여졌다. 카메라가 쓰지 못하게 되어 버렸다. 단념하고 열심히 참관하기로 하고, 단체 활동에서 뒤지지 않으려고 노력했다. 오죽헌에서 참배하고 3.8휴게소를 들러 왜 우리가 이곳에서 진로를 꺾어 도로 남으로 내려가야 되는 지를 저 북쪽에 있는 말이 통하질 않는 이들에게 묻고 싶었다. 통역이 없어라. 어쩔까 이 일을? 언제나 이룰꼬?

거기서 쉬고 낙산사를 향했다. 나의 돈쓰기 기록이 여기서 깨지는 순간이다. 설악산으로 향할 때는 기분부터 차가운 느낌을 받을 수 있었다. 차에서 막 내리니까 하늘이 찜찜했다. 비룡폭포를 보고 흔들바위로 올라가는데 신흥사 지나 설악의 눈이 내리기 시작했다. 흔들바위를 관찰하고 내려올 때는 상당히 추웠다. 손이 시려웠다. 숙박지에 들렀을 때는 모두 기진맥진되었으나 마치 여관 배치가 잘 되어서 피곤을 면할 스트레스 해소 방법들이 있는 듯 했다.

이제 내일이면 수학여행도 끝이구나 생각하니 좀 더 있다 갔으면 하는 생각이 들었다.

표 창 장

제 123 호

제 2 학년 8 반

오 중 영

위는 착하고 아름다운 행동으로 맑고 밝은 기풍을 조성하고 학우들의 모범이 되었기로 이에 표창함

1982년 5월 29일

광주고등학교장 김 해 중

그냥 적어보는 인생이야기

- 1982년 7월 6일.

그냥 적어보는 인생의 이야기, 이 넓은 세상에서 한 사람도 고독한 남자를 만나지 못해 나 쓸모없이 살아갑니다.

이 넓은 세상에서 한 사람도 고독한 여인을 만나지 못해 당신도 쓸모없이 살아갑니까?

검은 벽에 검은 꽃 그림자 같은 어두운 향념 고독 때문에 노상 술을 마시는 고독한 남자들과, 이가 시린 한겨울 밤 고독 때문입니다. 사랑을 생각하는 고독한 여인네와 이렇게들 사는 멋진 세상에서 얼굴을 가리고 고독이 아쉬운 내가 돌아갑니다. 불신과 가난 그 중 특별하기는 고독 때문에 어딘지를 서성이는 고독한 남자들과 허무와 이별, 그 중 특별하기는 고독입니다. 때문에 때론 골똘히 죽음을 생각하는 고독한 여인네가 이렇게들 모여 사는 멋진 세상에서 머리를 수그리고 당신도 고독이 아쉬운 채 돌아갑니까?

인간이라는 가난한 이름 때문에 고독도 가해서 못 가진 중에 울면서 눈 감고 입술을 대는 밤, 이 넓은 세상에서 한 사람의 고독한 남자를 만나지 못해 나 쓸모없이 살아갑니다.

청소년 대회(LDS)

- 1982년 7월 28일.

청소년 대회(1982. 7. 28~31)를 맞이하여 출발!

주제는 "나의 아들아, 네가 젊었을 때 명심하여 지혜를 배우라. 또한 젊었을 때 하나님의 계명 지키기를 배우라."(앨 37:35)

출발이란 단어는 우리에게 뭔가 희망을 듬뿍 채워주는 것 같다. 이곳 광주를 출발하여 화순 쪽으로 가는 도로를 달릴 때, 아직은 충만하지 않은 마음으로 차에 오른 탓인지 마음이 개운치가 않았다. 순천 승광국민학교에 도착한 우리는 질서정연하게 차에서 내렸다.

그런데 나는 커다란 실수를 한 것이다. 내가 가장 아끼고, 꼭 있어야만 하는 학교의 명예인 모자를 놔두고 내린 것이다. 물론 그 동기는 완전히 그냥 내리고 싶은 마음은 아니었다. 반반은 나 혼자 쓰고 다닌다는 게 너무 이상했고, 차가 떠나지 않을 줄 알고 그랬던 것이다. 다시 찾을 수 있었으면 하는 마음 간절하다.

조를 편성하고 오리엔테이션과 모든 준비를 마치고 저녁 식사를 끝내고, 와드지부 장기자랑을 했는데 너무 놀랐다. 저 정도로 열심히 했었다니, 그러나 그렇게 열심히 노력한 것만 같았던 우리 와드에서는 큰 성과를 거두지 못한 것 같다. 그래서인지 차 자매님께 미안하다.

여기서의 느낌은 감동, 감탄 등으로 어지럽기만 하다. 첫날에 배운 게 있다. "알고 있으면서 행치 아니하면 모르는 것만도 못하나니." 내가 그걸 몰랐을 리 없다. 모든 인간들이 그러하듯이 나는 나를 알

고 있다. 인간 존중이란 말이 여기에서 비롯될 수 있는 것 같다. 나는 느끼노라. 나의 모든 것을 여기에 쏟노라. 나의 실수는 마음의 구석구석까지 사무쳐 오노라. 울어도 끝이 없겠고, 가슴을 치고 한탄한들 이제는 이미 끝나버린, 그러나 되찾을 수 있는 것이다. 우리 몰몬인은 우리가 이러한 모임에서 느낄 수 있는 것이 이러한 것들이 아니겠는가? 이 교회가 참으로 말일에 회복된 참된 진리를 가르치는 교회임을 알고 있고, 우리의 살아계시는 예언자 스펜서 서블류 킴볼 대관장님의 말씀을 지킬 것을 맹세합니다.

당신 보시기에 합당하게

- 1982년 9월 29일.

오늘도 무사히 보낼 수 있기를 나의 마음 변하지 않고 영원토록, 그러나 두려운 것은 조금씩 이상해지려는 야릇한 기분 어찌할 수 없구나. 기도가 부족하기 때문이다. 하나님께서 날 반겨주시질 않은가봐. 하늘에 계시고 영원하시며 사랑과 자비와 그 몸 지니신 대로 모두 충만하신 아버지 하나님!

오늘도 망신에 감사할 이 시간을 감사드립니다. 저의 하는 일이 당신 뜻대로 되질 않습니다. 그래서 다른 사람들께 많은 피해가 말하지 않는 순간에 많으리라 봅니다. 당신 보시기에 합당하게 하려 애써도 당신이 참으로 벌을 내리소서. 당신의 아들과 같은 고생을 예수 그리스도 이름으로 기도드립니다.

당신 뜻대로 하옵소서

- 1982년 10월 2일.

어떻게 저희 이름을 기억하고 계십니까? 감사합니다. 기뻐요. 영원하시고 사랑이 충만하신 하나님 아버지! 이러한 것들에서 당신이 우리를 살펴주심을 더욱 간절히 느낄 수 있는 것 같습니다. 그런데 저희를 기억하고 있는 사람에 대해서 감사하고 어찌할 바를 모르려하는 현실이 저에게나 다른 근간에 있는 모든 이에게 피해는 없겠는지요. 저의 생활에서 비롯된 건데 그렇게 하면 당장 상대방은 아무렇지 않을 것 같으나 제3자에 대한 저에게 미치는 영향이 크리라 봅니다. 당신 뜻 안에서 이 일이 이루어지길 간절한마음으로 당신의 아들 예수 그리스도의 이름으로 기도드립니다.

Sister

- 1982년 10월 14일.

Sister

네 마음의 혼이 내 마음의 영이 되어 오늘도 저 빈 허공을 한없이 떠도는 지금도. 저기 뵈는 한 점의 환상에서 영원히 기억되고픈 가냘픈 심정에, 달밤에 지나가는 슬픔의 외침의 소리에서 영된 마음도 함께 하니, 아! 가고픈 세계는, 활짝 여는 마음이 되어 끝까지, 끝까지 그렇게 애타게 불러보는 죄 땜에 미워하고 시기하는 인생아.

지금 저기의 별을 마음 아프게 애도하고 있다. 훨훨 멀리 날아서 끝없는 사막에서 기어가는 뜨거운 열기에서 네 마음과, 잊혀져가는 망각해버리는 인생.

용서받지 못한 죄악이고 해의 강렬한 그것은 저기서 지저기는 새는 여기서 비웃는 인생을 노래함에 찬란한 동애의 해 뜸은 시간의 흐름을. 자! 우리의 현실을 무겁게 직시하고 행하는 미래를 멋있게 항해하는 기사가 되자.

제9회 예술의 밤(LDS)

- 1982년 10월 26일.

제9회 예술의 밤, 아직 미숙하지만 여러분들 모시고 성황리에 끝마칠 수 있어서 좋다. 행화 자매가 기분이 안 좋아 그냥 가버렸다. 안경환 형제가 나에 대해서 매우 노여움을 금하지 못하고 있는 것 같다. 말을 걸어도 대꾸를 하지 않는다. 말하고 있는데 다른 말을 해버리는 것이 얼마나 기분이 나쁘겠는가!

모두들, 신하, 승훈, 송호, 성옥……, 등 여러분께서 수고해주셨고, 그리고 끝까지 어린 저희들을 하나님 창조물 안에서 바르게 성장할 수 있도록 염려해주신 감독님께 특별한 감사의 말씀을 전합니다. 영원하신 하나님 아버지. 항상 당신 아래서 당신의 크신, 넓으신 사랑을 배우고, 겸손을 익히는 저희들은 항상 당신 같아지고 싶음과 따르기를 원하옵고 바라옵나이다.

저희들은 일을 무사히 마쳤으니 사랑하는 당신의 자녀 정한진 형제님께서 병으로 서울에 가셨다는 소식은 너무나 저희 같은 어린 성도들에게는 크나큰 영향이라고 아니할 수가 없습니다. 부디 당신 사랑 안에서 성장하신 그분을 축복하옵시고 가정에 만복이 당신 안에서 가득하길 예수 그리스도의 이름 받들어 기도드립니다.

당신의 지혜를 베풀어 주소서

- 1982년 10월 30일.

왜 의심하게 만드느냐? 왜? 나는 회상이한테 간다. 나의 힘이 아니다. 무한의 존재인 하나님의 힘으로 움직이고 있다. 나는 역시 나에게 참복음을 주신 하나님께 더욱 더 간구하고자 하는 것은, 내가 알고 있는 복음을 꼭 다른 분들과 나눌 수 있도록 기회를 허락하시고 저희나 모든 성도들이 그러한 당신의 사업을 잘할 수 있도록 용기를 부여하여 주시옵고, 그 뜻이 내내 변하지 않도록 당신께서 보살펴 주시옵소서. 당신의 귀한 아들을 모든 인간의 죄를 대속하신 고통을 저희는 알고 있습니다. 그러한 고통에 비하면 지금의 저는 아무 어려움도 없습니다. 부디 당신께서 보살펴 주시옵고, 제가 잠시라도 겸손하지 못했고, 부족했던 것을 너그러우신 사랑으로 용서하여 주십옵소서. 저를 위하여 기도하는 분들이 계실 것입니다. 우선 그분들을 축복하여 주시옵고 그분들 같이 제가 다른 분들을 위해서 기도할 수 있도록 당신의 지혜를 베풀어 주소서, 성경과 몰몬경과 교리와 성약 그리고 값진 진주의 말씀을 주셔서 실제 생활에서 다른 계통에서 뒤지 않는 당신의 자녀가 될 수 있도록 보살펴주시길 바라오며 예수 그리스도의 이름으로 기도드렸습니다. 아멘.

어떤 역사를 이룰까

- 1982년 12월 29일.

돈이 사람을 움직이는 세상이라니?

발전한 것인지, 아니면 타락한 세상의 징조인지? 협잡한 소견으로는 판단할 수 없는 것 같구나. 언제부터 이렇게 살았었는가?
일제 치하, 민족상잔 비극 6.25동란, 이런 것들을 우리가 벌써부터 잊고 있다는 증거인 것이다. 바르지 않기에, 바르게 하기 위해 피를 갈고 있는 사람이 있는가 하면, 내 목에 거미줄 칠까봐 앙탈하는 인간형도 있다.

우리는 실패의 역사를 지켜보고만 있을 것인가? 너희는 지금 어떤 역사를 이룩하려 하는가? 대답해다오. 세대여! 세월이여! 말 없는 강물이여! 생활의 흐름보다 시계의 소리가 더 요란한 세상은?

마지막 편지

- 1983년 1월 2일.

어머님께서 편지 왔다는 말씀에 사뭇 기뻐하면서 감사했다. 그래서 한시바삐 가서 읽어보고파서 일손이 제대로 잡히질 않았다. 집에 와서 편지를 뜯어보니 '나 자신이 너무했구나.'하는 것이 절실히 느낄 수 있었다.

그러나 이제 와서 단념할 순 없는 법! 지금까지 괜한 고생을 얼마나 시켰는가. 헌데 이제 와서 이러자고 해서 이러고 저러자고 해서 저래서는 안 돼. 절대로. 그렇게 되면 의지할 곳이 없게 돼. 나 때문에 부모님을 배반해선 안 돼. 그러지마, 친구야. 왜 자꾸 약한 말만 하는 거니. 난 네가 없으면 못 살 것 같은데. 음으로 앙으로 얼나나 많은 도움을 주었더냐. 그 힘으로 내가 지금 이렇게라도 버티고 있는 게지. 더 참자. 우린 친구야, 그러한 말은 절대로 안 돼. 난 더 못 잊을 거야. 날 흔들리게 하지 말아주오. 간절히 바라는 마음이다.

기차여행

- 1983년 1월 13일.

'기차여행'은 말만 들어도 그럴싸하게 거창하다. 오늘 하루 어떻게 지나갈 것인가? 의문이다.

모두들 다 성장해서인지 많이 배워서인지 개개인의 개성들이 뚜렷하다. 그래서인지 인솔하기는 조금 까다로우나, 너무나 다정하다. 이러한 모든 것들이 주님의 뜻대로 이룩되기를…….

정민숙, 성연숙, 하영숙, 박정선……. 박정선 자매와 정은화 자매의 성격을 내가 맞추기에는 너무나 벅차다!

하영숙 자매는 그렇지 않다.

"사람은 제 아무리 자기 자신이 우월하고 으뜸이라 하여도 경험한 사람에게는 당하질 못하지."

눈이 잘 보이지 않아 멀리 띄어보기도 하고 세워서 보기도 한다. 그래도 인상은 쓰지 않으려 애쓴다. 눈에 안개가 끼는 것을 느낀다. 시력이 중요하다. 이럴 때 안경이 있었으면 더 잘 볼 수 있을 텐데 하는 아쉬움이 있다.

김태성이란 아이를 만나다

- 1983년 1월 25일.

9시 10분, 송림여관 나와서 대전 시내로 향한다.

모두들(교감 선생님, 현동준 선생님, 오공룡 선생님…….) 새로우면서 또 다른 기분에 흥취하여 감상하는 시간! 대전에 도착하고 보니 생각과는 아주 딴판이다. 보문사 공원을 올라가던 중 '통행금지'라는 푯말이 우리를 혼란하게 하였지만 쉽게 풀린다. 이것이 인생의 흐름이었던가. 아니면 슬픔의 교향악이었던가. 느낄 수 없었던 그러한 새로운 정을 찾을 기회가 있었다.

김태성이란 9살 된 산성초등학교 1학년 2반에 재학 중인 고아 아이인 것이다. 그 이야기가 전개되자면 꽤 긴 생각이 필요했고, 필요 이상의 시간을 허비했어야 했다. 아무래도 사회적인 사람들과 이야기하고 싶지 않고 멀리하려는 경향이 있어 접근하려고 순간적인 유혹 케이크도 주고 해보았지만 순간적이었다. 그래서 생각한 것이 '나의 진실을 보여주자!' 이렇게 생각하고 적극적으로 접근하였다. 그래서인지 이제는 태성이가 나에게서 진실과 자기가 이야기해도 괜찮다는 확신이 있었던지 "형"하면서 나에게서 떨어지려 하지 않는다. 갓난아이 때부터 세상을 아주 험하고 서럽게 자라온 아이에게는 지금 절실하게 필요한 것은 사람이었다.

그 아이는 자기가 알기로 부모님이 다 돌아가신 것을 알면서도 "지금이라도 돌아오면 좋아."하는 가냘픈 어린아이의 간절한 소망 앞에서 나의 마음도 뭉클해졌다. 너는 나보다 세상을 더 살고 있는 편이 되었구나. 너무나 세상 물정을 잘 알고 있었다. 1살 되던 해에 아버님께서 전기 감전으로 별세하시고 뒤이어 어머님이 도망가서 별세했다는 말을 동네 사람들에게 들었다 한다. 나는 어머님만은 지금 어딘가에 살아계신다고 보아 꼭 이 불쌍한 아이를 다시 세상을 살게 해주고 싶은 심정이었다. 그래서 어떤 할머니 손에서 키워졌는데 할머니의 아들이 스님이라서 절에서 함께 기거하는가 보다. 그러나 잘못했을 때 할머님께 매 맞는 것은 매우 슬프고 아프다면서 울먹이는, 그 아이가 한없이 처량해보였고 세상의 고아가 바로 여기에 있구나, 하는 지옥 같은 생각이 나자 이 아이를 여기에 그냥 놔둔 채 가고 싶지 않았다.

주님! 저의 뜻이 부족하여 당신의 거룩하고 크신 사랑을 기대할 수밖에 없을 것 같습니다. 이 아이를 부디 당신께서 제가 다시 볼 수 있을 때까지 보살펴 주옵소서. 저의 가슴 깊이 간직하고 있는 마음을 당신께서는 아시겠죠. 그 애와 거리를 거닐면서도 한편으로는 기도했다. 간절히 이 아이를 보살펴주기를 착하고 순하며 바르게 성장할 수 있기를 자연 속에서 맑게 아무 티 없이, 콧잔등이 시큰해왔다. 그 애도 마찬가지였다.

다른 애들이라면 "몇 살이냐? 어머님은? 아버님은?" 이러한 물음을 받으면 얼른 외우기라도 했듯이 서슴지 않고 대답할 수 있을 텐데, 아버지가 안 계시고 어머님이 계시지 않는 외로운 세상에서 자연 속에 기거하는 어린 아이는 이러한 물음에 마냥 슬퍼지는구나. 그래도 내색하지 않으려고 어린아이 행색을 하여 그 장면을 모면하는 재치가 아주 깨끗하고 훌륭하다. 자기 이름을 말하는데도 아버지가 계시지 않아서 기……. '김, 태…….'하고 끝내려 하니까 다 붙여 풀으니까 '김태성이야.'하는 슬프고도 원한에 찬 깨끗하고 자연을 통한 목

소리는 나의 현재 부모님의 사랑을 느낄 수 있었다.

부모 없는 자식! 우리에게 다시 한 번 생각해야할 시간이 필요한 것 같다. 나의 작고 부족한 사랑으로 그 아이가 착하게 성장할 수 있었으면 한다. 현재 행복함을 감사드리고, “너 나에게 편지할 수 있니?”라고 하니까 “그래 나 편지 할 수 있어.”라 했다. 그래서 나는 “그럼 내가 주소 적어줄 테니까 꼭 편지해야 돼.”라고 하면서 우표, 봉투, 편지를 두 통 사주었는데도 마음이 놓이지 않는다. 무슨 까닭인가. 그동안 사귄 정이었던가, 나의 동정심인가. 마지막 인사를 하고 차에 올라 손을 흔들면서도 곧 뛰어내려 그 아이를 데려가고 싶었지만, 모든 것은 생각해보고 양해를 구한 다음에, 선생님이 계시고 키워준 할머님이 계신데 금방 만난 내가 감히 어떻게 할 수가 없어서 그냥 떠나가는 나의 마음은 마냥 허망하기만 하다. 대전 시내를 벗어나면서도 그 애 생각 때문에 보이는 것이 별로 없다. 대전이여 이 애를 보호해다오. 마음속으로 빌면서 대전을 떠났다.

이제 조금 있으면 부여에 도착한다. ‘부소산성’ 이곳이 우리가 들러서 배워야 될 곳이다. 낙화암, 백마강, 고란사, 고란약수 모든 것이 귀에 익히 들어왔지만 역시 백문이 불여일견이구나. 부여에서 광주로 향하면 우리의 목표가 거의 끝나는 것 같다. 이것으로서 수련회의 여정은 막을 내리고 우리의 반성과 생각이 필요한 것 같다. 친구들 고마우이. 선생님들 감사합니다. 이 보답은 행동으로 보여주어야 한다. 장재열 기사님! 감사합니다. 수고하셨습니다. 이틀밖에 지나지 않았는데 상당한 시간이 흘러가버린 것 같다. 그래서 많이 배웠나 보다.

목표를 정하라

- 1983년 1월 30일.

목표를 정하라. 그리고 유치할 정도로 세부 계획들을 나열하여 작성하고, 기록하라. 어찌하여 그것을 택하게 되었는가? 나는 남아로 세상의 빛을 보아 포기하지 않으며, 거짓말하지 않으며 사과하지 않는 사람이 되겠다. 나의 인생의 목표는

1. 외국에 가서 과학원 차리는 것.(초등학교 4학년 때 생각)
2. 항상 책과 대화한다.(공부는 평생)
3. 세부적으로 생물학과 충실.

화랑도 정신에 입각하여 영원하신 아버지 하나님. 저희가 당신을 항상 부르짖어 합당하게 생활할 수 있고, 당신을 말할 수 있는 저희가 되게 하여주옵소서. 아멘.

믿고 구하면 주신다

- 1983년 2월 18일.

오늘이 싫다. 왜 오늘이 존재하는가. 나에겐, 나에게 있어서 오늘이 없어야 돼요. 오늘이 있다한들 오늘을 오늘답게 살지 못한 현재의 나의 오늘은 참으로 비참한 것입니다. 영수, 너희 하나님은 뭘 하시냐? 왜 그렇게, 그러나 내가 가야할 길은 이곳이 아닌가 보다. 그동안은 정말 고마웠다. 왜 내가 오늘에 너와 함께 자리를 같이하게 되었던 - 이렇게 친해질 수 있었던가 - 를 생각해본다.

정말 즐거운 하루하루의 나날들이었지? 그러나 그러한 생각과 말을 하면서도 나의 깊은 속까지는 행동과 같지가 못했었어. 이러한 점에 대해서는 진심으로 사과한다. 왜 나는 오늘 같은 날에 가슴 아파해야 되는 것인지 나 자신도 이해하지 못할 사실. 나의 건강이 왜 오늘에 더욱 더 심한지?

나에게 너무나 오랫동안 시련을 주시는가 보다. "믿고 구하면 주신다."고 했다면서 자신의 그대로를 표현하는 영수는 또 나에게 주님 말씀대로 하지 않았구나. 하면서 나를 더욱 어떤 힘에 대해서 말려드는 것 같았다.

도우며 함께 살자

- 1983년 3월 25일.

웬일이냐? 이렇게 늦게까지(04:00). 신기한 일이 아닐 것이다. 난 금성으로부터 온 한 자매의 편지도 받았다. 이 세상에서 절대로 혼자가 아니다. 누가 나를 그렇게 멸시하는가? 나의 갈 길을 방해하는가? 애야! 너 자신을 알아야지! 그렇게도 유동성이 심한마음을 갖고서 어떻게 이 세상의 일성이 되랴. 큰 뜻을 넓게 남아의 굳은 의지를 잃지 말아다오. 나의 미미한 존재야! 지금이 어느 때인가? 한 번쯤 되새겨 보는 좌선의 기회를 가져라. 유의미하고 실현 가능하게! 나의 친우들이여! 나를 잊지 말아다오. 홀로가 아님을 보여 다오. 혼자서는 생존할 수 없다. 도우며 함께 살자구나, 친우들이여!

그것이 나의 것

- 1983년 5월 19일.

안녕하세요. 먼저 인사하자. 이해하여라, 모두여! 한마디 없이 갑자기가 아니다. 고마웠다. 너의 말이 정말 이제야 해석을 더 할 수 없을 만큼 자신을 알게 해주는 현명한 것이었다.

잊어버리는 것은 나의 과오요. 되새겨서 감사하는 것은 그대가 아는 바요. 내가 아는 것은 그대가 이해하고 나를 아는 것, 그것이 나의 것이오. 그대의 한마음이요. 그랬어요. 모두를 그대의 그리운 마음 속에 모두 담고, 푸른 꿈 토끼도 기대하는 젊음으로…….

오늘도 여전히 인생 항로의 한 키를 잡아 저어가는 노의 소리는 고요하며 더욱 무게가 젖어드는 군요. 지치지 않게 역사의 그리운 인물 속에서 찾아오는 얼굴, 얼굴, 얼굴을 나의 가슴속에 헤매이며…….

과대망상적인 생각들, 그러나 해피엔딩

- 1983년 8월 10일.

뭐가 그리도 어려운가? 많은 것을 원했었나봐, 벌써 몇 번째인가? 성급함과 과대망상적인 생각들 때문인 것 같다. 이제 어찌 살란 말인가! 이렇게 아니야. 항상 대범하게 생각하려하지 않았던가. 이런 미세한 존재에게 말야. 부디 큰 생각이나 하지 말아주었으면 한다. 그동안은 더없는 평화와 기쁨을 아무 쓸모없는 인간에게 선사해주었고, 그걸 느끼려 애썼다. 하지만 통하지 않으려 했던 게 틀림없다.

이렇게 빠를 수가 없는데 모든 게 의심스러울 따름이야. 파헤치지 못한 오묘한 회한이 있는 게 분명하니 사정상, 그렇게 하였을 땐 더 큰 병마가 엄습해올 아찔한 생각만 빙빙 도나. 도움 줄 게 뭐가 있겠는가, 실망 주고 위로 주고, 병 주고 약 주고…….

단, 한마디 너무나 고마웠다.

순수함 속에 곧 발견을 나타낼 수 있거늘…….

우리들의 삶은

- 1983년 8월 11일.

우리들의 삶은 항상 비탄과 좌절 그리고 부담과 실의에 빠져서는 살 수 없다. 하지만 가끔 이러한 것들의 있음으로 해서 생의 활력을 갖는지도 모른다.

자신의 인생은 자신의 마음에 있는 것이다. 그 누가 뭐라 해도 할 일이 따로 있는 것이다. 너는 너의 일이 있으므로 너의 일에 집착하고 몰두하기에 힘쓰라. 절대로 좌절은 있을 수 없고 할 수 있다는 강한 신념으로 이 한 시간도 소중히 보내야 할 것이다.

창창한 앞길을 내다보며 좀 더 발전성 있는 것을 우리는 느껴야 할 것이다.

현대의 교직지 여러분! 이무리 대화기 통하지 않고 헛소릴 한다고 하여도 한 번쯤 그곳에 귀 기울여 보셨습니까? 너무나 값진 것에만 가까운 곳에서만 찾으려는 그 얄팍한 위인전 사행심! 경계해야 할 것이외다. 현대 교육의 실패 원인이기에.

보고 싶은 친우

- 1983년 8월 18일 밤에.

안녕!

친애하는 친우에게 오랜 기간 동안 안부 전하지 못하고 지금에 와서야 소식 전함을 감히 용서를 바라노라. 용서하고 말 것도 없는 존재가 되게 해주게. 아직은 세상을 많이 살지도 않았는데 며칠 전 나에겐 기이한 일들이 연출되었어. 무슨 일이냐고? 아주 이른 새벽이었어, 잠결에 하도 기분이 야릇하여 일어나 앉아 그대로 옛날에 친우가 살던 곳으로 나의 발걸음은 아주 가볍게 옮겨졌던 거야, 거기에 가서 난 뭔가를 열심히 찾았는데 아무것도 못 찾았어. 집 앞에 있던 타이어도 모두 없어졌더구만, 그리웠던 추억은 찾기가 어려웠으나 왠지 기분은 맑고 깨끗하기만 하였어.

보고 싶은 친우! 너무나 길다. 왜 나만 이렇게 지내야 하느냔 말야. 너무했다는 마음 없어? 내가 저번에 직접적으로 말하지 않았어도 나의 몸에 있는 병을 다름 아닌 그리워하는 마음의 병이었다는 사실과 함께 난 절대로 친우를 보지 않고서는 나의 병이 낫기가 어렵겠다는 느낌을 받았기 때문에 이렇듯 어려워하는데도 불구하고 펜을 들게 되는지도 모르겠어. 내가 전과 같은 마음은 갖지 않더라도 내 곁에서 멀어져있다는 느낌만 들지 않게 해주었으면 정말 감사하겠어. 그럼 건강하고 잘 있어. 몇 군데 시험 보러 갔다는 소식은 들었으나, 결과는? 창가에 울려오는 미물들의 소리를 들으면서.

친우가 조금 좋아하는 벗, 벗으로부터.

소향에게 바라는 오빠의 마음

- 1983년 9월 11일.

소향아! 어찌하여 교회에 나가려하지 않느냐. 이 오빠의 심정도 이해해줄 수 없니. 부탁한다. 인간이 약하기 때문에, 완전하지 않기 때문에, 의지하고 나간단다. 어서 빨리 마음의 평정을 찾아나설 수 있도록 하여라.

집회와 삼양스낵에서의 대화, 종교란 하나님과는 별개다. 과학이야, 너의 힘을 공간에 의식하는 하나님에게 주어서 그걸 다시 되받아 힘을 발휘하는 인간의 정신 그것! 염력에 의해 물체를 끌어오듯이 인간의 힘으로 나를 컨트롤 할 수 있다.

내가 힘이 부족하므로 종교란 단체의 힘을 빌어 작은 힘의 모임으로 큰 힘을 발휘하는 역힐, 어띤 종교에 관한 것이라면 내답할 수 있다.

일체유심

- 1983년 10월 15일.

앞으로 1회밖에 남지 않은 도 학력모의고사! 오늘도 나는 평균에 미달하는 인간이 되려는가, 아침부터 초조한마음으로 아침 식사를 하지 않고 등교하였다. 등굣길에서 많은 걸 발견했다. 공부하는 학생들, 남들 보기엔 인기 직업은 아니지만 소신껏 해보려고 일터에 나서는 행렬과 나름대로 '나는 할 만큼 하고 있어.'하며 자칭하는 거만한 배둥이들의 행렬은 극히 드무나 되려하는 이가 많은 것 같다.

나는, 지금의 나는 처음의 내용이다. 그럼 과연 내가 무엇을 잡기 위해서 불편한 몸을 비벼가면서까지 힘찬 대열에 합류하였는가? 어느 정도 하고 있기에 우쭐대려 하는가? 물론 인간의 힘은 무한한 것은 아니다. 그러나 무한하게 자신이 만들 수 있다. 저 수많은 학생들의 가방 속에는 지금 무엇이 들어있을까? 필수는 지금 대학의 길을 향해 공부나 직장을 찾는 일일 것이다. 그러나 벌써부터 제2의 직업을 위해 제3의 목적을 위해서 준비하는 사람이 있을까? 너무나 제1에만 급급한 것 같다. 그렇게 하지 않고 살아도 충분히 세상은 살 수 있도록 되어있을 터인데, 나는 지금 아마도 내 갈 길을 간파하지 못한 것 같구나.

제1, 제2, 제3의 나의 삶에 대하여 나는 준비하고 있는가? 너무나 마음이 허약해졌어. "극기" 어떻게 이 글자는 이 세상에 돌출하게 되었는가? 이럴 때에 인간을 귀하게 만들기 위해서가 아닐까 한다. '강한 의지의 사나이' 이 정도면 안 되는 일이 드물 것이다. '언제나 책

과 씨름하는 학도' 사회의 지혜는 밝아올 것이다.

'원대한 꿈을 갖고서 젊은 청춘을 불사르려거든 노후에 참 인생을 겨누어보려면 분투하라. 최선을 다하라. 잠이 문제가 아니다. 모든 것은 마음이다.' - 일체유심

친우의 편지

- 1983년 12월 18일.

아침 6시 30분 교회를 출발, 집으로 가던 중 날씨가 너무나 차서 자전거를 형제님 댁에 맡겨놓고 버스를 타고 가는데 기운이 흐뭇하다. 집에 오니 AFKN 방송도 와있고 또, 또 한 통의 편지가 발신인도 없이 깔끔하게 써 보내졌다. 소인은 광주, 언뜻 생각났다. 아! 봉투를 뜯어보기 전에 나는 짐작했다. 너무나 반가웠다. 이제 나에게도 서광이 비추기 시작하는구나. 감사합니다, 주여. 기도한 보람을 나는 맛보았어. 잃어버린 줄만 알고 있었는데…….

고마워 친우. 오늘 하루 내내 기분 좋게 교회 모임이 끝나고 시골에 왔다. 집에 와보니 아무도 계시지 않았다. 허전했다. 나중에 부모님들께서 그렇게 고생하신다는 말을 전해 듣고는 부모님과 더불어 가까이 있고 싶어졌다. 면에 가서 주민등록증을 찾으러 갔는데, 창렬이를 만났다.

서로 돕는 마음

- 1983년 12월 20일.

6시 35분 이젠 늦은 시간이야! 하지 말자. 6시 20분까지 연락하라고 하셨는데, 오늘 하루는 의미가 있다면 많이 있고 없다면 별 의미를 갖지 못하는 아주 무의미한 상태의 하루다.

교회에선 편지쓰기 모임. 금득룡 형제님 죄송해요. 제가 여태껏 왜 그 마음을 헤아리지 못했을까요. 전 더 배워야 해요. 많은 지도와 편달 있으시길 바라겠어요. 방극만 형제님! 감사합니다. 교회를 위해서 이토록 힘쓰시다니 전 놀랐습니다. 완전한 희생, 부분적 희생이 아닌. 아름다울 것 같아요. 저도 재능이 없더라도 돕고 싶어요. 그래서 우리 교회가 더욱 더 발전할 수 있었으면 정말 좋겠어요.

힘께 포징마차를 하려고 했는데, 못하게 되어 침 시운하지민 우리가 배우기 위해 하지 못하니까 더 배우고 싶어요. 그 시간을 더 할애하여 더욱 정진합시다.

부모님을 공경하는 마음

- 1984년 1월 26일.

나의 부족함 때문에 부모를 욕하는 격이 되어버렸구나. 죄송합니다.

형! 언제나 그랬듯이 지금도 마찬가지야, 내가 형을 크게 생각하는 것은 한다면 하고 후에 실수가 많은 것 같지가 않은 태도 그것이 나에겐 마음이 끌렸던 거야. 그런데, 그런데 오늘 같은 말은 차마 입밖으로 내뱉었다는 것이 마음에 걸려. 더 배웠으면 더 배운 사람처럼 행동해야 할 것 같아. 부모님께서는 초등학교를 중퇴하셨다는 걸 몰라. 그래도 우릴 이렇게까지 성장시켜 주신 것은 마음으로 감사해야 할 터인데…….

그런 생각은 마음속에서 버려버리길. 부탁하네. 우리 가족이 잘 되려면 온 가족의 생각이 같아야 할 것이고, 행동 또한 그에 준해야할 것이라고 생각해.

몰라, 난 아직 어려서 잘 모를지 몰라. 이 사회에 대해서, 더 이상 알고 싶지도 않지만, 한마음 한뜻으로 부모님 공경하면서 우애 있게 생활한다면 형의 생각 정반대의 현상도 일어날 수 있을 거야. 난 하는 게 없지만 그것만은 자신해.

한국청소년연맹 졸업반 연수

- 1984년 1월 27일.

한국청소년연맹 졸업반 연수, 충북 괴산 자연농원으로 8,500원을 내고 아침 7시 도청 앞에서 출발했다.

도착한곳은 충북자연학습원이었다. 먼저 와서 수료한 친우들이 맞아준다. 입교신청서를 작성하고 나서 각 내무반으로 가서 새로 만난 친구들, 뭔가를 얻기 위해 우리는 지금 희생, 봉사를 주저하지 않고 있는 것이다. 난 이네들보다 조금 뒤져져 있는가, 앞서 가고 있는가? 생각해보니, 어떻게 보면 전자, 후자가 다 나에게 해당되는 것 같다. 6조 하야로비[14]반의 조장을 맡았는데 잘 유도해야 될 터인데, 조화를 맞춰가면서.

빈갑다. 준, 윤수, 성숙…….

14) 백로의 또 다른 이름

사랑하면 즐겁다

- 1984년 1월 29일.

공군 하사관이 나에 무엇을 안겨다 줄 것인가? 병이냐, 하사관이냐. 시련이 두려우니 공부하자 말씀드렸다. 이 달까지만 하겠노라고.

사랑이란 무엇인가를 알 수 없어졌다. 즐거워는 했었다.

한 번쯤은 사랑할 수 있었다는 것만으로도 우리는 즐거움 아닌 진짜 사랑을 할 수 있었다.

자동차 운전면허시험 합격

- 1984년 2월 6일.

날씨가 매우 차다. 걸어왔다면 얼마나 괴로웠을까? 어디 아는 집에 들렀다 갈까? 아니야. 옛 성인, 위인의 실패는 바로 이런 때 있는 것이다.

도착하니 아직도 시간이 많이 남았구나. 식당에 가니 공기가 탁하다. 그래서 밖에서 책을 보는데 시험을 치르게 되었다. 결과가 나올 시간에 나의 응시표는 나타나지 않는다.

다행히, 다행히 합격되었다. 야! 감사합니다. 코스, 아무 정신없이 들어갔다 나오니 합격! 이제 마지막 관문 주행, 이제 모두 합격! 5일 후에 면허증 교부. 주여 감사합니다.

교회를 찾아가본다. 신자, 은영, 영철과 중흥 지부에 갔다가 그 애들이 마음이 흔들리지 말아야할 텐데, 대학은 요행이 아니야, 그래도 이미 결과로 나타났다. 섭섭하다.

엄마의 울음을 멈추게 해다오

- 1984년 2월 16일.

아가, 왜 엄말 명절 때마다 울리니. 조그만 게 왜 그래. 너는 컸다고 생각 하는가 본데, 아직 어려. 너는 이미 엄마 아빠의 마음을 뒤집어 놓고야 말았어. 이젠 어쩔 수 없는 것이야. 집에선 행여나 너의 인생에 누가 될까봐 조심해왔는데 네 길을 네가 자청해서 걷고 있으니 무슨 말이 필요하겠니. 이젠 더 이상 생각할 여지가 없는 것이야.

인간적이고 다국적 윤리적 차원에서 어쩔 수 없는 거야. 엄마의 울음이 왜 그리 나를 슬프게 했는지 모른다. 네가 우리 가족, 아니 엄마의 아가라면 지금 멈춰라, STOP!

감사의 마음

- 1984년 2월 18일.

몸이 피곤해서 누워있는데 엄마께서 깨우신다. 5시 30분이 넘었다. 짐을 내놓았는데 짐이 많아서 못 싣고 가시겠단다. 아, 엄마가 왜 이렇게 고생길이 험하단 말이냐. 바라노니 무사한데, 우리가 생각하는 직업을 택하지 않기를 간절히 바라노라. 내가 싫으면 싫었지 왜 부모님과 가족들을 창피하게 만드는 거냐. 너는 지금 뭔가 잘못 생각하고 있는 거야. 네가 생각하는 그것이 이 세상을 살아가는 최상의 방법은 아니란다.

엄마의 마음이 어찌 보통과 같으랴.

김동환 형제에게 신세를 지는구나. 서울서 만나기로 했는데 약속도 못 지켜주고……. 오늘 이렇게 잘 대해주니 이것이 바로 주님의 사랑이 아닌가 생각된다. 감사의 마음으로 열심히 노력해야겠다.

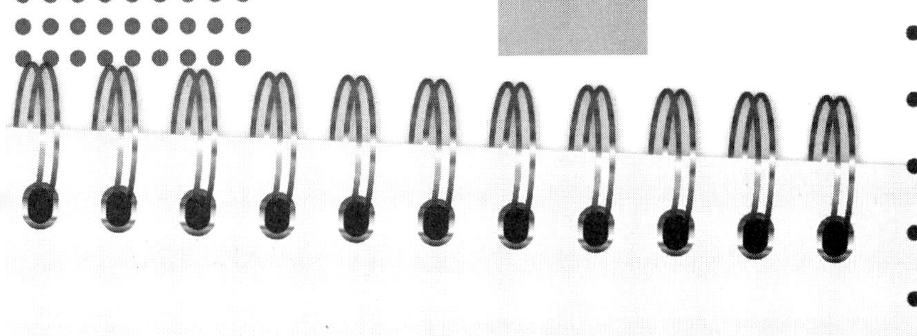

4부

대학 일기

1984년 3월 ~ 1986년 2월

대학 입학식

- 1984년 3월 3일.

입학식! 신통치가 않구나. 어떻게 하면 신통하게 할 수 있을까. 장로신전과 무슨 연관이 있기에 나에게 있어서 무거운 짐이 되었을꼬…….

부모님 죄송합니다. 부모님의 뜻을 따라야죠. 제가 심적으로라도 신앙 잃지 않도록 해주시고 도와주세요. 금성의 여러 회원 여러분! 정말 감사합니다. 제가 더욱 교회에 남아있도록 하는가 봐요. 곽재운 형제님, 윤명희 자매님! 열심히 해주세요.

주여, 이분들을 보살펴주옵소서. 이들이 당신의 방법대로. 모든 일을 행할 수 있도록 특별한 지혜의 은사를 베풀어주소서. 내일이 잘 지나가야 될 터인데 꼬마는 잘 있을까, 지금쯤 시골에 있겠지. 대전의 꼬마, 이 애도 이젠 3학년이 되겠지? 세월 참 빠르구나. 엇갈리고 엇갈리는 것이 세월이로구나. 부모님 죄송합니다. 지금도 큰 방에서 들리는 '퉁, 퉁'하는 자리보다 소리가 왜 이리도 내 마음을 울리는지?

안식일 가정복음동행 박병규 원장님

- 1984년 7월 8일.

안식일에는, 주님 가까이에서 일하시고 돌아오신 박병규 부장님과 함께 가정복음 교육을 할 수 있어 기쁘다. 어렵게 찾아서 갔을 때 더욱 주님의 영을 느끼는 것 같다. 노병도 형제님께서는 영광 모량중학교에서 이종 동생 선미의 담임선생님이시다. 노새 좋은 승일중 1학년인데 학교의 억제 때문에 다른 교회에 참석하여 주보를 받아 받치는가 보다.

정 자매님께서는 붓글씨를 하시고 계셨다.

다음으로 서동호 형제님 댁을 방문하기로 됐다. 박 부장님 기억이 잘 나지 않으신가 보다. 1시간가량 헤매다가 호성 약국에 알아보니 지세히 가르쳐줘 찾아가보니 이미 진 가족이 주월 교회에 참석하고 계셨다. 주님께 죄스러웠다. 회원들이 조금만 더 관심을 보였다면 지금도 병고에 시달리고 있나 보다.

신앙의 힘

- 1984년 7월 10일.

다 되었는데, 아직도 덜 된 기분인데 무슨 이유일까? 오랫동안 했지만 지루하게 느끼지 못했다. 신앙의 힘이 이토록 클 줄 몰랐다. 명예를 위해서도 아니었고 어떤 대가를 바래서도 아니었다. 지금까지 참을 수 있었던 것은 너무나 나에게 큰 가르침을 주고 있다. 한동안 하지 못했던 공부를 하고 싶다.

친구 너무 고맙다. 너의 그 목소리만으로도 난 만족하다. 미안하다. 하지만 널 언제나 고맙게 생각해. 더 많은 대화를 통해서 즐거움을 배로 하자. 슬픔을 줄이면서……. 모든 이에게 사랑을 보이는 젊은이가 되자. 우리의 목표를 세우자.

친구에게 편지

- 1984년 7월 10일.

지난 날 얼마나 울었는지…….

지금 생각해보면 눈시울이 찡해. 진즉부터 더 만나서 대화를 했었어야 했는데, 나의 잘못이 크다.

주여!

제가 저의 친구를 정말 사랑합니다. 당신을 사랑하듯…….

아버지께선 아시지요?

저의 친구도 저를 돌아가신 어머님 사랑하듯…….

저의 친구는 쓰러지려할 때 저를 일으켜 주었고, 약한마음을 먹으려할 때 강하게 해주었습니다. 저는 너무나 친구에게 빚을 많이 졌습니다. 제가 이대로 뇌둔다면 그 빚은 더욱 불이나 신디미마냥 우림해져서, 저의 약한 힘으로는 감당할 수가 없을 것입니다. 저의 친구는 착합니다. 아버지! 부디 친구를 보호해주소서. 그의 가족 모두 건강을 축복해주소서.

당신의 영이 함께 하길 빕니다

- 1984년 7월 11일.

나의 수고로 다른 사람이 혜택이 있었다면 그걸로 만족하고 싶습니다. 대가가 필요해서 일까요. 어떠한 귀에 좋은 말 듣기를 원해서 일까요. 나약했던 마음에 힘을 주소서. 더욱 강할 수 있게 하소서. 친구의 마음을 위로해주소서. 진정으로 바라옵건대 이 이상의 진전이 있어도 아니 되며 더 이상의 괴로움을 던져주지는 마소서. 마음을 다해 바라옵건대 동생이 교회에 참석할 수 있도록 도와주소서. 제가 끝까지 끈기를 가지고 동생을 보살펴 한 자리에 할 수 있도록 도와주소서. 연약한마음을 강하게 하여주시고, 스스로를 이길 수 있는 용기를 잃지 않게 하여주소서. 부모님께 감사하는 마음과 효도하는 자녀로 성장할 수 있도록 하여주소서.

저희 장로 정원회를 위해서 힘쓸 수 있도록 도와주시고 주님의 일을 함에 있어서 지치지 않게 하여주소서. 바라옵건데, 가정 복음교사들을 축복하사 쓰러지지 않고 끝까지 사랑으로 그들을 가정복음 할 수 있도록 또한 방문해야 할 분도 당신의 영이 함께 하길 빕니다.

알코올의 위력에 아빠는 쓰러진다

- 1984년 5월 10일.

저 어린 애가 무슨 죄가 있길래……?

알코올의 효능이 좋은 곳으로 쓰일 수 있다면 얼마나 좋으련만. 하기야 어떻게 보면 상당히 좋은 곳으로 쓰인다고도 말할 수 있으리라. 어머니의 위안과 위함에도 불구하고 마냥 자기주장만 내세우는 얄궂은 아저씨! 그 옆에서 부모의 하는 일에 뭐라 끼어들 수도 없는 터라. '아빠! 아빠!'하면서 힘없이 다시 한 번 '아빠!'해보지만 얄궂은 아빠는 들어주시질 않는구나.

그러나 저 티 없는 어린아이 6~7세나 되었을까! 저 애가 지금 무엇을 생각하랴. 그래도 아빠를 미워할 줄 모르는……. 어린 아이가 이만큼 됐으니 지금 생각하면 옛날이 왜 그리 미운지 저 애도 훗날에 꼭 알리라. 왜 내가 '아빠, 아빠'하며 힘없이 자신의 존재를 아빠에게 보여주려고 했던가를.

12시가 다 되었는데 새 나라의 어린이가 이때까지 저렇게 좋지 않은 상황에서 자신을 채우고 있으니……. 자신에게 마음의 도움은 안 될지언정 이 기회에 배울 수 있는 기회가 되었으면 한다.

호우회 수련회

- 1984년 5월 12일.

순국선열[15]및 호국영령[16]들의 후예 모임인 호우회가 수련회[17]를 떠나는 날이 언제였던가?

우리의 외침이 어디까지 왔는가? 우리는 우리를 다시 돌아보고 미래의 발견을 도모하기 위해 떠나는 이름도 거룩한 호우회와 수련회를 떠나게 되는가 보다. 처음부터 마음에 강하게 와 닿았기에 오늘 아침도 이렇듯 가슴 한가운데 뿌듯함을 느끼는 것이다.

출발할 때는 초등학생 때처럼 소풍가는 기분이었다. 대형버스에 20명 남짓한 수가 들어앉으니, 어울리지 않은 것이 갓 쓰고 구두 신은 격이라고나 할까. 이제부터 우리의 생의 방향이 제시될 기회가 더 확실히 정해질 것이다. 도중에 불가피한 사고로 시간이 더욱 촉박하게 했다. 사전답사가 없어서인지 버스 한 번 회전하고 중간마다 지체하여 길 가는 사람들 붙잡고 우리가 있는 위치를 알지 않으면 아니 되었다.

타이어의 파손과 함께 다가온 펑크가 우리의 마음을 더욱 다급하게 했다. 아무것도 모르는 내가 기사님을 돕는답시고 힘을 쓰니까 허

15) 나라를 위해 싸우다 죽은 윗대의 열사. 빼앗긴 나라를 되찾기 위해 자발적으로 독립투쟁을 벌이다가 전사, 옥사, 병사한 사람들을 일컫는 말.

16) 목숨을 바쳐 나라를 지킨 명예로운 영혼. 국가의 부름을 받고 전장에 나가 적과 싸워 나라를 지키다 희생된 사람들이다.

17) 국회의원 황희 주최로 순국선열 위사정립을 위한 공청회(2020. 11. 12. 주제 : 순국선열 선양의 어제, 오늘 그리고 내일) 책자에 의재오상열의사선양회 명단을 올리고 우리회 대표자 대리자격으로 저자가 참여했다.

리가 아프고 여기저기가 쑤셔옴을 느낀다.

그런 중에서도 회원 간의 우정 증진과 친목 도모를 위해 힘쓰는 회원도 있어서 우리 내의 마음을 흐뭇하게 했다. 거의 확정적인 장소에 도착한 우리는 개회식을 하고 오늘 밤을 지낼 준비와 점심식사를 준비하고 모두들 분주한 모습이다. 예부터 군자는 바다에서 아자는 산에서 각각 났다고 하는데 우리는 지금 바닷가에 와있다. 저 건너편에서는 우리의 해상을 침범하는 적이 있을까 하며 수시로 교대근무를 하며 수평선을 바라보며 그래도 그들도 사람인지라 고향을 그린다. 일명 OO산장이라고 자칭하면서 이곳에서의 생활을 만족해하시는 우리의 군인아저씨 앞에서는 모든 적들은 모두 발견될 것이다.

우리의 조상께서도 이보다 더 심한 어려운 가운데에서도 견디며 조국을 위해 한 목숨 바쳐 싸웠고 전진에 전진을 계속했던 것이다. 이 조국이 어떻게 해서 연명해 왔는가를 우리는 새삼 생각해야 할 것이다. 그리고 항상 그분들의 정신과 얼을 우리가 받아들여 현대의 젊은이만은 젊은이가 되어야 할 것이다. 부모님들은 높은 지식과 어마어마한 훌륭한 경험이 있는 분들이다.

점심 식사 후 운동 경기는 제8기와 제7기 선배님들과의 시합이 있었는데 족구에서 패한 "제7기들이 후배들 업고 소나무 돌아오기 출발!" 이것은 멋진 한때였다. 그 전에 잠시 피곤함과 마음의 안정을 위해서 마련한 이야기 할 수 있는 기회에 어느 정도 얼굴과 이름을 기억할 수 있었다. 지금부터는 자기소개와 간단한 게임으로 들어가는 시간에 좀 더 개인에 대해서 확실히 알 수 있는 기회였다. 이 시간이 더 계속되었으면 하는 마음 간절했으나 뿌리칠 수 없는 것이 자연의 법칙이니 호우회의 젊은이들의 마음을 모두 불살라 승화시키는 캠프파이어의 장면은 우리의 가슴을 뭉클하게 했다. 저 불꽃에 우리의 정신을 더욱 강하게 불살라 더욱 정의로운 대한민국의 젊은이가 되고자 서로의 가슴속에 강하게 와 닿는다. 취침 전까지 모닥불 가에서의 시간이 마냥 짧아만 보인다. 이처럼 우리 생의 연속은 항상 불완전하고 미흡하고 후회하면서 살기에 미래의 발전을 기대할 수 있는 것이다. 각 조별 분임토의에서 기탄없이 우리의 이야기가 호우회의 마음이 되어버린 것을 결과보고에서 느낄 수 있었다.

이제부터 취침이다. 부족한 것이 있다. 텐트, 담요…….

모두들 자기 방에서 이불 덮지 않고 자는 것처럼 생각했던지 그렇게 당부했는데도 담요를 텐트에 개어있는 것과 별도로 가져온 것뿐이어서 모두의 마음을 초조하게 했다. 이때처럼 준비의 중요성에 대해서 깨달은 적은 없었다. 잘 준비하지 않았기 때문에 고생해야하는 것이다. 모두들 잠자리가 불편해도 자신들의 잘못으로 알고 조용했다. 사람 침대에서 편안히 주무시는 성룡의 동생 갈 곳이 없어도 어디든 틈만 있으면 끼어드는 세무회계과 1번, '이젠 잠 좀 잡시다.'하면서 피곤함을 나타내는 친구들도 있었다……. 그러는 가운데도 멀리서 군인아저씨들이 돌리는 불빛이 간혹 텐트 가에 앉아있는 나의 눈과 마주쳤을 땐 지금 제 곳으로 가고 싶은 충동을 어쩔 수 없이 얌전히 앉아서 이 텐트를 어떻게 막을까 궁리에 몰두했다. 그래서 결국 찾아 지퍼를 잠그는 순간의 포근함을 느껴보지 않은 사람은 그 맛을 알지 못하리라.

어느 순간 나도 잠이 들었다. 그런데 꿈에서인지 생시인지 '비상!' 하며 호루라기 소리가 내 귀에 들려왔다. 시계의 바늘은 4시 30분경을 가리키고 있었다.

"토끼뜀, 소나무 돌아오기……!"

우리 모두의 정신력 문제로 받게 되는 고통, 허리가 아프다.

참자, 나만 하는 것이 아닌데 '낙오자가 되긴 싫다'하며 참았더니 '이제 그만'하고 다시 취침! 우리는 텐트 안에 들어가서 다시 우리의 4대 이념과 신조와 호우회를 상기했다.

아침 햇살이 강하게 비출 때 우리는 다시 모여 구보시작, 바닷가 도롱 서해안의 구석을 돌 때 손오공 이야기를 생각한다. 한 걸음 한 걸음 뛸 적마다 호우회가 구호, 구령은 잔잔한 바다와 적막한 대지를 놀라게 했다. 그러다 잘못되면 오리걸음으로 경사진 곳 오르기! 이 호령은 그렇게 무서웠다. 이제는 그러지 않기 위해서 모두들 조심성 있고 확실하게 한다. 이렇게 고되게 시작된 하루가 벌써 낮. 바닷가에 군인 아저씨가 계신 곳까지 다 돌아보고 서로의 이야기에 열을 올리고 있는 회원들 중에 저들의 젊음이 헛되지 않게 하여 주소서 하고 바란다.

기념촬영 시의 단합이 부족했다. 돌아오는 시간이 왜 그리 허무하고 더 있고 싶은지, 모두는 이제 커서 더 잘하자 생각하고 차 안에서 잠이 들었다.

안식일인데

- 1984년 5월 13일.

교회에 다녀와서 우천 중이라도 서클 대항 체육대회를 한다는 말을 듣고 송원관으로 향한 발걸음은 기쁨이요, 죄였다. 여러 회원들(은식, 향선, 을수, 부덕, 선호, 보화, 원용, 영림, 금자, 향선)을 대하니 반가웠고 미안했다. '오늘은 안식일인데…….'하면서 넥타이를 풀고 위 점퍼를 벗고 힘을 돋우기 위해 활동해보았다. 그러자 배구 경기에 참석하게 된 내가 실수를 연발했다. 그건 실수가 아니었다. 나의 재능부족이니? 정말 우리는 어느 면에서나 기초적인 과정을 거쳐야만 될 그런 것 같다.

L.D.S[18]는 언제나 뒤지지 않는다고 했는데 오늘 같은 L.D.S는 말하기도 싫은 밝히기에 거북한 것이다. 주님은 항상 우리 주위에 계신다. 그러나 거기에 얼마만큼의 최선과 재능이 포함되었는가에 따라. 우리 주님의 힘이 나타남을 알았다. 항상 원하되 재능을 키우며 겸손하게 나아가는 포부를 갖자.

18) 예수그리스도 후기성도 교회(The Church of Jesus Christ of Latter-day Saints)

부지런한 생활을 하자

- 1984년 5월 14일.

학교버스로 충장와드에 나왔다. 아무도 없는 텅 빈 교회, 하기야 오늘은 D-day에다 지금 이 시간에 올만한 사람도 없다. 도서관 문을 열었다. 키(key), 이것이 너무나 큰 힘을 발휘하는구나. 전에 나에게 없던 키였기에 이렇듯 큰 힘을 낼 수 있음을 나는 안다.

신전의 열쇠에 대해서 생각하게 한다. 권능은 있지만 지휘는 키를 가진 자만이 가능한 것! 4시에 농성와드를 걸어서 출발했다. 길거리를 거닐어 보니 희귀한 것도 발견하고 너무한 것도 알았다.

누나 집에 들어가 물 한 모금 마시고 고모님 댁에서 인사하고 전라남도 약사 협회를 들릴까 말까 하다가 들렀다.

농성와드에 가까스로 도착했는데 열쇠의 위력을 잘 느끼게 한다. 잠겨진 문은 어찌할 수 있겠는가. 교회서 형제님이 오신다. 잠깐 얘기하다 헤어져 다시 학교로 왔다. 실습실에서 보낸 시간 이후에 보람 있길 바란다.

집에 와서 동생을 맞으러 가다가 호우회 부회장 향선 씨를 만나 함께 간다. 동생과 집에 와서 오늘도 그냥 그렇게 보냈다. 부지런한 생활이 되자.

배운 만큼의 대가(代價)

- 1984년 5월 21일.

아는 것만큼의 현상에 만족함. 나를 돌아보자 지금껏 실습하면서 나는 뭘 배워왔던가, 해놓은 것이 무엇이 있으며 제대로 되는 것이 뭐가 있는가.

실습 때마다 단번에 원칙에 맞게 되는 것이었다. 왜까 나의 노력과 연습 그리고 반복이 부족한 탓이리라. 어렸을 때부터 관심은 있었지만 실제로 창작하고 이론에 맞게 조작해본 것도 없었다. 이제야 그 일을 시작하게 된 것이다. 실업고등학교를 갔었더라면 더욱 재미있을 텐데 조금 늦은 감은 있으나 품은 뜻을 실천해보리다. 그래도 세상의 유혹에 물들기 쉬운 비뚤어지기 쉬운 시기에는 주위에서 잡아주는 사람이 필요함을 알았다.

"한 번의 실수는 병가지상사라 했건만" 나한테는 어울리지 않는 말 같다. 언제나 계셔서 나의 동태를 살피시며 나의 실습에 대해서 물어보신다. 나는 잘되지 않음을 나타내면 어떻게 해서든 다시 힘을 얻을 수 있도록 해주신다. 나에겐 이쪽도 힘이 있다. 그러나 그것도 길게까지 내가 원하는 데 더는 함께하지 않으리라.

내가 바라는 여성상!

- 1984년 5월 22일.

화분이 의미하는 것은 다시 보니 새롭다. 늦게 와서 미안하구나. 회원이 더욱 북적북적했으면 좋았으련만 동일, 병석, 성우, 계훈, 해경, 늦게 온 은식, 나의 고2의 생일이 기억난다. 역시 생일날에는 함께 해주는 것이 좋은 것 같아.

머리 아픈 얘기만 해서 미안하구나. 은식 형의 회원의 태도에 대해서 듣고 나니 조금 전에 나의 말이 무색할 정도이고 동일 형의 선배로서의 처지의 얘기를 들었을 땐 더욱 더 그랬는데 나는 오늘 연두에게 미안함과 실수를 연발했구나.

"출석 부르면 나오시오", "어서 없어져버려" 모두 사랑스런 말처럼 알아듣자. 형관 형 만나야 하는데 하며 택시를 4명이서 타고 다시 학교로 왔다. 행숙의 얼굴이 보인다.

아름다움만큼 마음도 그러하니, 항상 미소를 얼굴에 띤 그런 여성이 되었으면 한다.

나는 누구인가? 나를 알자

- 1984년 5월 28일.

나를 이기지 못하고 망설여버린 나. 날마다 거짓말을 실행하는 나. 얼굴에 철판을 씌웠는지!

왜 그리 자연스러운지? 이젠 그만하자. 아무 얘기도 하지 말자. 장담하지 말고 이루어질 수 있도록 노력하자. "어머니가 돌아가시고 혼자 살았다."느니 "공부를 잘했다."느니 하는 얘기를 다른 사람에게 할 필요가 있을는지? 나를 나타낼 것은 없다. 언제나 나는 다른 사람 손에 얹어져서 생활하고 있구나. 공부를 하자. 나에겐 나를 알 수 있도록 하기 위해선. 아직까지 제대로 해보지 못했다. 부끄럽다. 제발. 참자. 모든 허욕을 버리자. 나를 잘 알자. 너는 아직 부족하고. 아직 배우는 입장이니 열심히 배워라. 그리고 도우며, 보살피며, 또한마음을 다해서 사랑하기를 힘쓰라. 마음을 선하게 가져라.

너를 이겨라, 순간을 잘 참는 그런 사람 다음에는 이런 글 쓰지 않기를…….

용맹했던 하야로비[19)]들에게

- 1984년 6월 27일.

새롭게 만났기에 새롭게 다시 만나보기를 서로가 원하는 가 봅니다. 그 혹한 속에서도 누구 하나 굽히지 않고 우리 모두는 우리의 젊음과 정의감을 외치기에 이르렀습니다. 그동안 개인적으로 많은 발전이 있었으리라 믿습니다. 개인을 다시 돌아보는 의미에서 하계휴가중 모임을 갖고자 합니다.

- 한국청소년연맹 전남지부(학생과학관 내)

우리의 목적은 민족의 뿌리를 찾는 젊은이다.

지치지 말고 국가와 민족을 위해 자신을 발전시키는데 게을리 하지 않는나.

시를 한 편 지었다.

아이에 대한 단상

월요일의 아이는 예쁘고

화요일의 아이는 의젓하고

19) 해오라기의 옛말 : 흰왕새

수요일의 아이는 수심이 깊고
목요일의 아이는 길을 떠나고
금요일의 아이는 사랑스럽고
토요일의 아이는 고생하고
일요일의 아이는 귀엽고 명랑하고 씩씩하다.

내가 갖추어야 할 것은

- 1984년 8월 30~31일.

부모님들 고생에 조금이나마 보탬이 되도록 힘쓰자. 지금 마음은 우리 자녀들이 보탬은 못 되더라도 힘들게 하지 말아야 될 터인데, 걱정만 끼쳐드린 것 같다. 초등학교 중학교시절 때처럼 계속 학교에 진학하지 않겠다고 마음먹었으면, 그대로 했다면…….

배움의 기회가 주어질 때 그걸 취하지 못했더라면 그처럼 불행한 일이 없었을 터인데, 지금 내가 있음은 부모님과 주위의 어르신들의 고마움 때문이다.

엄마!

엄마가 돌아가신다면 많이 울 거야. 침례를 받고 돌아가신다 해도 3년은 무덤을 지킬 거야…….

아빠께서는 조금 더 정신 바짝 차리셔야겠다. 지금이 어떤 때인데 술 잡수고 엄마와…….

제발 우리 가정을 위해서 좀 더 참고 먼저 이해하고 서로 사랑하는 가족이 됩시다.

자신을 책임지는 사람이 되라

- 1984년 9월 1일.

누워있자니 별 생각이 다 나네. 고3 때 알게 되었던 친구. 내 생각만 했지 상대방 생각은 해주지도 않았어. 항상 상대를 울리지 않겠다고 생활하겠다고 했는데. 정말 미안하다. 난 내 생활을 실패했어. 중학생 때부터 잘 지내보려던 사람도 나의 이상야릇한 성격 때문에 이상하게 되어간다.

언제나 맘에 걸리는 사람들. 이성에 대해선 다시는 관심 갖지 않으련다. 책 읽고 부모 봉양하며 선하게 살아보리다. 제3자도 이토록 괴로운데 당사자는 얼마나 더 괴로울고…….

친구들은 어떻게 하고 있을까? 많이 야윈 것 같던데…….

동생한테 영향이…….

이젠 완전하게 자립할 수 있는 친구는 날 아주 나쁜 놈이라고 욕하겠지. 하루 빨리 해결지어야 할 일이다. 그동안 너무 괴롭혔어. 내가 귀찮게 할 의도는 아니었는데…….

나 자신을 책임질 수 있는 사람이 되자.

병영집체훈련을 이수하다

- 1984년 9월 5일.

아주 깜깜하진 않다. 취침 등에 의지해서 간신히 펜을 가누어본다. 이 병영훈련단에 입소하여 병영집체훈련을 이수하고 있는 중이다. 시계가 없어 정확한 시간은 알 수 없으나 23시는 훨씬 지났다.

부모님이나 내가 염려했던 증세가 오늘 석식 때 발생하여 지금껏 잠을 이루지 못하고 있다.

오늘 밤이 수요일 밤, 내일은 사격이 있다. 140점 만점에 만점이면 상점 보고서를 작성토록 한다.

3일 날 출발할 때는 아주 착잡한마음이었지만 지금은 아주 개운하고 순탄한 편이다. 3일 날은 입소식 등 간단히 규율과 군기만 주어졌을 뿐, 비 때문에 겁먹었던 것처럼 하지는 않았다.

4일 날, 이 날은 고된 날 지금까지 피로가 가시질 않는다. 3Km를 도보해서 유격장에 딱 도착하니 무섭게 생긴 교관 황보 주호님께서 계시고 오늘따라 조교님들도 무섭게만 느껴진다. 내가 잘 못하기 때문인가 하여 다시 잘하겠다고 마음먹으니 덜 무섭다. PT체조는 정말 정신통일 문제인 것이었다. 한 사람이라도 정신을 차리지 못하여 끝번 반복 숫자를 말하면 다시 그 동작을 배로 증가시켜서 하는 고된 PT체조, 도하, 고공사다리(11m), 강 건너기 등을 마치고 다시 7Km를 걸어 각개전투장으로 간다. 어디를 행군하든지 군기력은 발생한다. 조금이라도 해이해졌으면 군기 강화해서 육체적 고통으로 이렇게 하여 각개전투장에 도착하여 외식을 하고 내용과 실습을 한다. 산을

몇 번 오르락내리락하니 온 몸이 뻐근하다. 석식도 외식으로 하고 야간 이동과 야간 행동에 대해서 실습한다. 정숙보행 – 야간포복 – 평복, 복지부동 등…….

지금은 취침시간인데 별 소리가 다 들린다. 취침하지 않는 사람들은(전우들은) 킥킥거리며 뭐가 그리 우스운지? 자기들은 뭐 잠꼬대 안하나? 3일 날 밤 그러니까 실제로는 4일 새벽 5~6시까지 불침번을 섰다. 근무자의 임무나 태도도 중요했다. 막사 안이나 주위에서 고생하고 있다. 철저한 경계를 하면서 하품이 나온다. 잘 자야겠다.

내일을 위해서 몸 성히 자자.

부모님, 어르신, 친지, 친구들 안녕! 아차, 누나, 형, 동생도 있었네. 내일을 위해 자자…….

흡연의 찬반론

- 1984년 10월 27일.

등굣길에 여느 때처럼 공고만을 유심히 보게 되었는데 오늘 아침에 눈에 뜨인 것이 있었다. 그것은 학보사에서 내건 주제 여대생 흡연의 찬반론이란 붉은 글씨가 나의 눈을 가져갔다. 이 세대는 몰라볼 정도로 발전하고 있다. 고등학교 시절부터 사회에서 나쁘게 평하는 담배 피는 남학생들을 많이 상대해봐서 여고생의 흡연에 대해서도 익히 들어 아는 바라 여대생이 흡연하는 데야 당연하리라고 생각했다. 그러나 아직은 우리나라에서 터놓고 노골적으로 이렇게 밝힌다는 것은 선조들께 크게 죄가 된다고 여겨 의심치 않는 바이다.

하지만 이렇게까지 밝히게 된 것은 그만큼의 이유와 전개가 있었을 것이다. 이러한 심각한 문제를 어떻게 하면 조금이라도 줄일 수 있을 건가 하여 행여라도 하는 마음이었을 것이고 혹은 그 공고를 보고 나처럼 크게 놀라서 세상의 흐름을 더디게 느끼지 않게 하려하기 위함이었을는지 그러나 당사자의 마음을 내 어이 알 수 있으랴.

그럼 먼저 여대생 흡연의 찬반론에 대해서보다, 여대생이 남학생의 흡연에 대해서 어떻게 생각하고 있는지를 알아봐야겠다. 고등학교 때도 마찬가지였지만 여학생들은 남학생이 흡연하는 걸 싫어하는 사람이 0.01% 정도일 뿐 거의가 남자라면 담배도 피우고 술도 마시고하며 영웅심에 밝히더라. 그러는 여대생이 흡연을 생각하기란 쉽다. 그래서 남학생에게 혹은 중년 신사 분께 이 사실을 여쭈어보았더니 조

금 생각한다는 분은 '세상 말세로구만.'라고 하면서 '절대 그럴 수가 없다'며 분해하시는가 하면 '여학생이 뭐 다를 바 있느냐 그런 건 괜찮다'고 하는 양반이 몇 밖에 없어서 그래도 다행이다.

그래서 이번에는 직접 본인들에게 물어보았다. 남학생은 담배를 필수품으로 생각했고 여학생은 안됐지만 '그럴 수도 있지 않느냐?'라고 해서 큰 문제였는데 자신들도 안됐는지는 아는걸 보니까 또 그렇게 큰 문제는 안 되네. 지금 사회에서 나이 드신 분들은 금연하려고 노력하는가 하면 젊은이들은 그걸 배우려고 애쓰니 늙어서 끊으려고 노력할 것이 아니라 지금부터 배우지 말길 바랄 뿐이오.

여대생 흡연!

송원대학보사에서 바라본 여대생 흡연, 나는 절대 찬성하지 않아요.

세상을 산다는 것

- 1985년 1월 12일.

세상을 산다는 것이 얼마나 힘든 것인가를 생각한다.

그래도 공부만 할 때가 제일 편하구나. 공부와 일을 함께 하려니 생각대로 되어지질 않는구나. 남이면 남처럼 대해버리는 현재의 기업주나 주인들……. 돈을 떠나서 내 집처럼 일하고 싶은 마음을 갖고 일하는 사람도 역시 남은 남처럼 일 부리는 사람은 일 부리는 사람으로 여기는구나. 사회는 여지없다. 한 치의 이익이라도 놓치지 않으려는 기업주나 주인들. 그러므로 세상에 첫 발을 내딛은 사람들 모두 다 강하게 살아가려는가 보다. 돈이란 더럽게 벌어서 좋게 쓰라고(돈이란 개처럼 벌어서 정승처럼 써라) 했다. 항상 부모님이 말씀을 따르면 다 참고 싶으나 너무나 자기들 입장에서만 생각하는 기업주나 주인들. 피자의 이해를 못한다. 돈에 현혹되어 버리면 그것으로 인간은 끝이다.

형제간의 언성이 높아지자 분위기가 이상하다. 나는 왜 괴로워하는가? 왜 이토록 신경 쓰는 걸까? 내 머리에 완전 기억되어버린 것 같다. 그런 사랑이 아니었는데……. 단지 동정심 때문에 가까이 할 수 있어서 좋았는데. 이제 며칠 안 있으면 나의 밑에 건물이 있게 되었으니 못 만나더라도 한 번은 만날 텐데 왜 이렇게 가슴이 두근거릴까? 조마조마한 것이……, 나를 어지럽게 하는구나. 나에 대한 느낌은 어떨는지? 어떻게 대처해야할지. 16일이 내 생일인데 시간이 그렇게 보면 잘 가는데, 나 쪽으로 보면 안가네.

동생의 졸업식

- 1985년 2월 14일.

동생 졸업식. 험하다. 나를 찾아라.

그러나 우연하게도 아우가 근방에 있네. 돌리지도 못하는 눈이 서먹하지는 않지만 미안한마음이 앞서 더 보기가 힘들구나.

내게는 욕하겠지. 미안하다.

지금은 무얼 하게 되었는지. 시험은 잘 보았는지?

대전행 버스, 숙대 약대생

- 1985년 2월 16일

11시에 출발한 대전행 버스에 오르고 찌뿌둥한 날씨에 반한다.

설레이는 가슴을 안고 승차한 시골뜨기 소년! 볼품 있소. 개인적으로 여행을 하다니 세상은 오래 살고 볼 일이라니깐. 아이 참 왜 이렇게 시간은 더디지. 시간을 가득 채워 마음 가득히 대전에 도착한 나는 두리번두리번 주위를 살폈다.

없네. 안 보여. 누가? 아니 오늘 친구 만나기로 했잖아. 아 그래 맞아. 친구랑 여기서 13시에 만나기로 약속했지! 아! 그런데 지금은 14시가 다 되어버리지 않았는가!

어디로 갈까 망설이다가는 오늘 해 떨어지니 온양으로 다시 갈 모양으로 헐레벌떡 시외버스 정류장 찾고 있는데, 빨강 윗옷에 검정 치마와 책과 핸드백을 든 어여쁜 아가씨 내 앞에 우뚝 선다.

누군고 하며 바라보니 아니! 내가 찾던 사람이 아닌가. 아아, 반갑다. 조금 전에도 이 같은 차림새는 하였으나 통하지 않는 게 많더만 금방 통하는 것이 있으니 이게 진짜인가보네. 실은 우리는 2년 전에 슬쩍 얼굴만 스치고 오늘 처음이니 아리송할 수밖에…….

반가운 한마디. 아! 한 시간 이상 기다려줘서 고맙다. 추운 데 따뜻한곳으로 가자. 근데 뭐 먹을까? 말투가 어색해지려하니 내가 먼저 물어보는 것은 실례는 아니 될지? 군만두로 통일하고 맛있게 먹어서 치우고 곧장 121번 버스로 동학사로 향한다.

싸늘한 이곳, 산이 웅대하다. 웅대한 산에 쌓인 눈이 태양에 비치어 아름다우라고 한다. 멋있는 장관이다. 오르는 길에 상가에서 훼방 놓으니 말이 끊기네. 은설폭포를 가는가? 갑사로 가는가? 우린 오늘 이게 목적이 아니어서 은설폭포를 앞에 두고 하산한다. 친구가 매우 추운가 보다. 따뜻한곳에 들어앉아 이야기도 하고 녹두전과 오뎅국을 시원하게 사이좋게 먹으니 한결 따뜻하다. 이제는 많이 친해졌다. 아빠께 꾸중 들을까봐 시간을 자꾸 재촉하는 친구가 부럽다.

이제 몇 시간 후면 헤어진다 생각하니 마음이 허전하네. 아무것도 차지 않네. 에이, 갈사람 가야지. 빠를수록 좋지. 바삐 걸음을 재촉하여 다시 좌석버스를 타고 오는데 올라올 때와 노선이 다른 것을 그것도 모르게 느긋하게 마음먹었다가 다급해진 친구 표정 보소. 그러나 여유를 부리는 자신감이 자랑스럽소.

대전시를 조금 구경하고 종점에 도착하니 시간은 6시, '아, 빨리 가야지'하며 내딛는 발걸음은 뭔가 다급한데 아르바이트한 약국 아주머님께서 편찮으시니 찾아가봐야 된다나.

터미널에 와서 "예산 갈 차 있어요?"라고 말이 떨어지기가 무섭게 "어서 차표 끊어. 지금 막 떠나는 것이 막차야."하시는 바쁜 어투에 우린 한마디 없이 헤어졌다.

떠나는 차를 세워 무사히 태워주고 뒤 보지 않고 나오려는데 손을 흔드네. 안면에 미소 가득히 흔들어주는 손은 마음을 나타내는 장면이구나. 함께 계속 흔들 수도 없고 차는 뒷걸음질치고 손은 보이지 않고 나도 가야될 때가 된 것 같다.

누나 집에 가려면 전화를 해야 하는데 '전화가 어디 있나. 아! 저기 있구나.' 100원짜리, 50원짜리, 10원짜리, 내놓고 다이얼을 돌려 보람이 집 찾으니 "보람이 엄마는 시골 가고 안 계십니다."라고 한다.

"야, 그럼 난 갈 곳 없네." 에라 집으로 내려간다. 바삐 엽서를 써

서 친구에게 보내고 나는 광주로 출발. 오늘 하루만은 참 개운하다. 내일부터는 더욱 개운했으면 한다. 7시 10분 출발이니. 광주에 도착하니 깜깜한 밤이 되었다. 전화하여 도착신고를 하고 고생하는 친구 도우러 지산동에 간다.

진정 사랑한다면

- 1985년 3월 13일.

참고 기다리며 세상을 바라보는 시각이 넓어지고 조금은 정확하게 될 때 그때는 소유하게 될 수도 있는 것이고, 내가 원하는 대로 될 수는 없는 것이며 지나치게 원하지 말자. 친구 이상은 군대 다녀오기 전까지는 어렵다.

마음을 한 군데 심고 낙심할 것도 아니며 지나친 소유욕에 빠져서도 안 된다. 그리고 진정 사랑한다면 행복을 빌어줘야 할 것이다.

세월

- 1985년 4월 26일.

세월이 지나니
지붕의 지시랑 밑의 골패인 곳이 그러하고
기와지붕의 차양 밑의 움푹 패인 곳이 그러하고
산기슭 계곡의 줄기마다 멋을 창조한 것이 그러하고
수도꼭지마냥 한 방울 한 방울내리 떨어지는 곳이 그러하고
만물의 영장인 사람의 눈 밑이 그러하고
너와 나 사이도 그러하고
어제도 오늘도 내일도 그러하고
세차게 퍼붓는 빗속도 그러하고

지금도 빗방울이 떨어지고 있다
빗방울이 떨어지는 곳마다 임의 얼굴이 오버랩된다
흘러가는 곳엔 평화가 있다

향수

- 1985년 5월 2일

오월 달은 천지에 휘영청 밝은데
떠나간 님은 돌아오질 않고
너울대는 안개 속에
옛 일이 그려진다

장미 피는 계절에 불러보는 노래
되새겨보는 향수
험한 파도가 밀려와도 굽히지 않는 의지에
존귀함을 보내노니

죽마고우 누구냐며
굳게 맹세했던 너와 나는
어찌할 수 없는 신호에
멀리서만 스쳐온다

미련 없이 떠난 데도 스치는 것은
그 노래 그 향수 뿐
고요한 호숫가의 벌레 울음소리가
오늘밤처럼 애처로울 수가 없다

영원히 변치 말자고 약속했던

님에게는 고마움이었고
가르침이 있었으니
언제까지나 그러하소서

순백의 아름다움으로 피운 삶은
오늘도 쉬지 않고 생동하노니
그 정겨움이 언제까지나
계속하소서

모내기, 한 세상 구성지게

- 1985년 5월 26일.

새벽별이 보인다. 안개 낀 모판에서 오가는 애깃거리감이 없어 웃음은 오늘의 피로를 가시게 한다. 어이! 아침식사 시간 농부의 밥그릇은 숨김이 없다. 지금 흘리는 땀도 이 밭을 위함이니……. 정성스럽게 심는 한 포기마다 자녀들의 교육을 위하고 지금보다도 나은 생을 위하여 흘리는 땀도 짜지 않은 이유 일게다. 그리고 만면의 웃음은 밝은 내일을 기약하듯이 꿈에 부풀다.

고개 들어 뒤를 보니 아직도 뒤가 멀다 어서 가세
어허라 상사디여
고개 들어 앞을 보니 벌써 앞이 장관이니 중년일세
어허라 상사디여

상사디여 소리에 해는 저물고 짐을 챙겨 발걸음을 재촉한다. 내일은 우리 몰세! 어서 가서 내일 일을 준비해야지. 부지런히 모내기 한 철 보내면 또 한가로이 옛 이야길랑 사랑방에 가득하겠지. 고구마 굽는 냄새가 구수하다.

금호타이어 견학

- 1985년 5월 30일 맑음

전 삼양타이어 현 '주식회사 금호타이어'를 견학, 광주고등학교 1년 때 급우인 호남대학교의 문병두 친구도 만났다. 20여분 가량 호남의 금호! 전 세계에 금호를 알리는 Film을 상영하고 타이어의 생산공정만 훌쩍 보고 나왔다. 거의가 다 자동화로 되어 타이어의 형태를 만드는 곳에서는 1인 18대의 기계를 움직일 정도로 자동적으로 움직이고 있다.

그들은 바빴다. 우리가 지나오는 것도 모르고 오직 자신이 만지고 있는 물건의 품질에 자신을 갖도록 심혈을 기울이고 있는 것이다. 자기가 만든 것이 세계의 시장에서 판매되고 있다는 자부심을 갖고 일하는 것이다. 구슬땀, 공장 내의 악취……. 그러나 3,000여 사원은 그것을 멸시하지는 않는다. 그것들과 열심히 시키어 친해지고 있다.

사회의 일원으로서, 국가의 주역으로서, 주체성이 결여되지 않은 그들, 그들은 밝은 미래를 볼 수 있을 것이리라. 이들의 구슬땀은 국가의 반전을 가져올 것이다.

그길로 장성댐에 가서 흥겨운 시간들, 호대 국민 윤리과도 오고, 전일교통 중에서도 오고 전일교통의 경리부, 안경 Long머리 85 상고졸, 4개월 근무 중이라는 말소리가 가냘파. 아버지는 선생님, 장성 사창서 살다 초등학교 4학년 때 광주로 이사 이후 계속 광주에서 살고 있다.

3시가 넘어 출발, 학교에 와서 이 글을 쓴다.

여자 나이 23살이면, 나를 아는 시간

- 1985년 6월 1일.

설레는 마음, 약해지는 나, 두려움이 앞서는 서로의 관계, 마음 가득히 채웠는데…….

계획대로의 장소는 아니었지만 부자연스럽게 대화를 시작했다. 정말 사랑해주고 싶다. 나에게 새로운 느낌을 주는 사람. 어떤 약한 정보다는 나의 미래를 걱정해주고 정말 자신의 일을 열심히 해나가는 그래서 결과도 좋게 나오는 결과를 중요시하라는 말에 나는 아직도 멀었나보다. 서광주세무소까지 함께 걸어 나와서 잠깐 동안 또 가르침을 받는다. 아직은 빠를 것 같다. 여자나이 23이면 시집을 생각해야 된다며……. 거기서 헤어져 각자 자기 갈 곳으로 집에 오니 엄마의 감기가 심하시다. 더욱 더 공부하자.

기다림은

- 1985년 7월 3일. 비.

시골을 떠나 바쁘게 열차에 오른 나의 모습. 보이지 않는 환상의 나래를 펴고 허공을 맴돌고 있다. 기다림 속에서 그냥 지쳐버린 전화 다이얼 소리 알 수 없구나.

확실히 얘기하고 난 뒤에 더 친해지니 어떻게 해서든 마음을 나쁘게 먹지 말자. 오는 길에 하늘을 본다. 다른 때는 몰랐는데 새롭게 보이네.

오늘은 이상한 날이다. 열차가 만원이 아니어서인지 헛생각이 들고 그런다. 소향이도 만나고 보람이도 보았다.

엄마와 찾아간 여섯째 숙부님댁

- 1985년 7월 4일

용인 Folk village를 보고 명지대 건너편 군인 아파트를 찾아 9동 101호 길영의 집을 찾았다. 오랜만에 뵙는 작은어머님, 생소하다. 모두 세 명의 동생, 만나지 않으면 남인 것, 작은어머니께서는 말씀을 잘 하시지 않는다.

9시 넘어서 숙부님께서 퇴근해 들어오셨다. 선해 보이신다.

별말씀 없이 친척이 왔는데도 그냥 그렇게 밤이 지났다.

왕골일과 세상사

- 1985년 7월 30일.

왕골 일을 하는데 돈 때문에 시끄러운 세상이다.

별 일도 다 있다. 그래서는 안 되는 이야기를 서로 한다. 자신의 합리화를 위해서인지, 아니면 자신을 숨기기 위해서인지는 잘 알 수 없는 것이 인간의 한 치 속의 상태일 것이다. 이번 왕골일 때문에 부모님 애가 탄다. 이게 조금밖에 굴지 않았는데 아직도……. 하지만 하면 되는 것이다. 해보는 데까지 하는 것이다. 참으로 세상은 자기 중심적이다. 자기를 키우고 내세워야 되는 세상, 그렇게 하지 않으면 꿀려서 못 사는 세상. 이제는 좋지 않은 물이 시골에까지 들어와 순진한 시골 농부들 한꺼번에 다 망쳐놓는다. 이럴 수도 저럴 수도 없는 때가 한두 번이 아니다. 정신 바짝 차리자, 그렇지 않으면 죽는다.

농촌을 등지는 이유

- 1985년 8월 13일.

풍년이 될지 흉년이 될지는 아무도 몰라. 8호 태풍에 이어 9호가 밀어닥치니 농부의 마음이……. 무사히 보내야 할 텐데.

믿을 것은 하늘 밖에 없다며 원망도 하지만 마음 한 구석에는 가냘픈 기대가 있다. 제발…….

아무튼 농사짓는 분들만 고생이야. 이런 날에 따뜻한 도시양반들은 아랫목에 앉아 쉬거나 빈대떡이라도 부쳐 먹을 텐데, 농사짓는 분들은 물 찬 논에서 물 빼랴, 밭에 가서 고추 세우랴, 하여간 일 많고 못 사는 곳은 농촌이니 뭐가 잘못 돼도 단단히 잘못 됐다.

그래도 TV 같은 데서는 좋은 배경으로 농촌을 그려놓았더구나, 그런 곳도 있겠지, 하지만 그 숫자가 워낙 작아서 탈이지만, 젊은이들이 농촌을 등지는 이유가 여기에 있었다.

잘 살 수도 있지만 밑천이 없으니 떠나는 수밖에…….

한 번 실수는 병가지상사

- 1985년 8월 15일.

'한 번 실수는 병가지상사'라고 했다. 다시는 그런 식으로 하지 않으련다. 확실하게 하련다. 무리한 요구였다. 지나간 일 생각해서 무엇하리. 이 순간을 만족하며 박차를 가하자. 과거는 지루한 것, 미래도 허무한 것. 오직 현재만이 자신을 지켜줄 것이다.

'성패는 얼마만큼 정신을 쏟았느냐?'에 따라 결정된다. 그리고 하지 않은 것보다는 시도했다는 사실이 중요하다. 아직도 14일이나 남았다. 한 번 해보는 것이다. 불굴의 투지로 일어서는 것이다. 참자. 조금만 참으면 된다. 육체적 고통 모두 잊자. 해내고야 말겠다. 나의 목표, 나의 길이, 목표가 학문이라면 하겠다. 나는 기필코 해내고 말겠다.

1964년 7월 15일 밤의 일이다. 12시가 넘었다. 세상을 처음 보는 아기의 울음이 있었으니 한 생명의 탄생이라. 식기조차 제대로 받아 나오시지 못한 채 면면히 생활을 이어오던 과정에 셋째 번 애기이니 이름은 중영. 차남, 위로 누나, 형 다음이로다. 워낙 먹을 게 없었고 생활이 윤택하진 못했지만 가정교육만은 철저하게 하시는 아빠께서 늘 위엄 있게 말씀하신다. "어떤 위치에서나 최선을 다하고 사람을 한두 번 만나 성격을 파악할 수 있도록 하여라."

유난히 아빠, 엄마를 따르는 셋째에게 부모님들께서도 눈길을 게을리 하시지 않았다. 어려서부터 하려는 의욕은 많았고 시도도 했지만 실제 눈에 띌만한 성과는 거두지 못했다.

초등학교 6학년 1학기 때 뵙게 된 '선생님'은 나의 삶의 지표가 되어주셨다. 내가 그분을 따르게 된 이유도 거기에 있다. 어릴 적부터 이름 석 자 쓰고 책 읽을 줄 알면 상급 학교에 진학하지 않아도 되는 줄만 알고 중학교에 가지 않으려고 억지 쓰던 이야기를 이따금 해주시는 부모님을 더욱 따르고 싶어질 따름이다. 중학교에 그렇게 해서 억지로라도 입학했다. 입학하고 나니 어려운 것도 많고 쉬운 것도 있었다. 그러나 나의 생활의 중점은 인간이 됨에 있었다. 된 사람, 든 사람, 난 사람이 되기 위해……. 이때의 자신은 생애의 절정을 보는 축소판이라 아니할 수 없을 것이다. 나는 그때를 밑거름 삼아 살아가고 있기 때문이다. 그렇게 재미있게 중학교 3년을 마치니 고교생이라는 배지를 붙이게 되었다. 적성이 맞지 않아 걱정했는데 예상과 다른 것이 없었다. 그러나 어린이들은 모른다. 아직은 세속에 물들지 않았으므로 말이다.

오직 현실에 충실하자.

어이없는 것에서 나를 보다

- 1985년 9월 8일.

피곤하다. 배가 고프다.

무시 밭에 가서 무시를 뽑아서 돌아왔다. 집에 도착하자마자 어머니가 대문 밖에서 어떤 아주머니와 조금 언성이 높게 대화가 오간다. 들어보니 짐이 잘못 내려져서 우리 집에 보관되었는데 그 아주머닌 우리가 훔친 모양으로 이야기를 시작한다. 어머님의 말씀은 그것이 아니다 마을의 아이가 짐을 우리 짐인 줄 알고 내려줬는데 다른 애가 들고 오는 걸 어머니께서 보시고 그것 누구의 것이냐고 물었을 때 그 애는 찡찡대며 우리 것이 아니냐며 반문하더라는 것이다. 그래서 어머니께서는 윗마을 옛것인 줄 알고 보관하고 있었는데 훔쳤냐고 하질 않는가 했더니 이제는 차비까지 요구한다. 어이가 없다.

그렇지 않아도 심사가 괴로운데 뭐가 올라온다. 오랜만에 내 성격을 본다. 그동안 너무 좋게만 성질을 쓰니 나 자신도 나약해진 것 같다. 하지만 오늘 다시 나를 보았다. 그러나 이렇게 대든 것은 정말 잘못이다.

부모님께도 죄스럽고……. 다른 방법도 있을 텐데.

부모의 사랑

- 1985년 9월 23일.

오늘은 증조부님 비 제막식이 있는 날이다. 가보고 싶다.

서울서, 도외지서 오신 친지분들도 뵙고 싶다. 달려가서 얼싸안고 한껏 흐느껴보고도 싶다. 그러나 그러한 다급한 발길을 매달아 묶는 끈은 다른 생각을 하게 만든다. 독서실, 기사시험……. 나중에 더 훌륭한 증손자가 되기 위해서라면 용서해주시겠지. 늦게야 시골에 달려갔더니 그분들은 가시고 오랜만에 강릉 휘영 형님 내외분만 계시고 모두 조금 전 떠나셨다고 한다.

안타까운 맘과 서운한 말씀 빗발치는 보고 속에 정신없이 군 문제를 휘영 형님과 나누다보니 밤은 깊어 떠날 시간. 저 떠납니다. 오늘따라 독서실 분위기가 이상타. 내 연탄불이나 신경 쓰자. 남의 연탄을 보아주는 것도 좋지만, 아직은 이르다.

대추를 더 많이 더 많이 하면서 따다보니 어머니께서 “추석 땐 안 먹을래.”하는 바람에 내려오니 1,000원 어치도 더 되겠다며 사서도 먹을 건데 어떠냐고 먹으라고 하신다. 또 한 번 부모의 사랑을 느낀다.

부모님의 교육열[20]에서 희망을 보다

- 1985년 10월 17일.

나는 보통 사람이 생각지도 못했던 특이한 일을 하시면서 특기도 많으셨던 아버지와 한국의 표준 여성의 향수를 느낄 수 있을 만큼 온화하신 어머니 사이에서 2남 2녀 중 차남으로 태어났다. 부유하지 못한 가정에서 자라나기란 생각처럼 쉽지는 않았다. 어려서부터 부모님을 도와 우리 4남매는 일을 했다. 여동생이 고등학교를 마칠 때까지 그렇게 지냈으나 나이가 들어 형은 부산해양 대학으로, 누난 경기도로 시집가시고 여동생은 직장 때문에 우리 농사량은 급격히 줄어들었다. 우리 소유 농토는 없었기에 수를 사서 지었는데 거의 돌려주고 이제는 얼마 되지 않는다.

부모님의 교육열의 때문에 4남매 모두가 고등교육까지는 받을 수 있었으나 고등학교만 나와서는 사회에서 무엇을 하지도 못하니 부모님들께서는 능력껏 이제 대학을 보내시며 자녀들에게 다짐을 받고 형은 공부를 잘해서 재수는 했지만 부산 해양대학을 입학할 수 있었다.

기술이 취미인 나에게 있어선 인문계 공부는 소득을 못 보았다. 결국 고등학교는 공부 못하고 졸업하고 나니 중학교 때의 나의 활동적이 모습이 떠올라 고2때부터는 학교 공부를 안 하면서 나의 새로운 모습을 찾을 수 있었다. 그러나 낮은 성적으로 대학은 생각지도 못했

20) 어머님 유언에 따라 아버지 모시려던 집의 택호를 따와서 백산장학회라 명명하고 사업자등록은 나날이 좋은 날로 하여 건물은 백산동이라 함.

다.

기술학원을 다녀 사회생활을 할까 하고 모교를 들러 은사님들을 뵈러갔는데 그분들 중에서 한 분, 역사 선생님께서 나의 마음을 돌려주셨다.

"이 사람아. 공부를 할 때 해야지, 왜 그런 생각을 했는가."하시면서 원서대를 내주시고 S대학을 소개해주셨다. 여러 학과 중에서 전자과를 지원했다. 지원을 해놓고 전혀 학교에 갈 생각이 없었다. 그래서 합격자 발표 날이 지났는데도 잊고 있었다. 결국 타의에 의해서 늦게 입학했다.

지금 생각하니까 왜 그토록 내가 학교 가지 않으려고 했는가? 하며 공부를 하고 보니 적성에 맞는 일이라 잘 되었다. 생각지도 않았던 점수를 따고 보니 공부가 이젠 하고 싶어진다. 그래서 조금이지만 참 열심히 했다. 실습도 뜻이 같은 친구들과 모르는 것들 물어가며 열심히들 했다. 이렇게 되고 보니 공부를 더 하고 싶다. 4년제 대학에 편입하여 나의 전공을 살려보련다. 사람이 변하듯 나의 계획도 변했다.

전자계열의 연구소에서 더 높은 지식을 쌓아서 참으로 국민의 한 사람으로서 나의 부문에서 국위를 선양하리라고 마음먹는다.

인간의 일은 마음먹기에 달려있다고 한다. 긍정적으로 확실히 마음을 굳히고 나니 희망이 보인다.

선택으로 나를 보다

- 1985년 12월 16일

85년은 나에게 불운의 해인가?

어쩔 것인가? 나에겐 힘이 없다. 누구에게도, 실력에도, 인간관계에서도, 힘이 없으니 나 자신이 나약해진다. 어쩔 수 없다. 인생이란 참으로 험난한 것 아름답고 보람을 가지고 살려면 누구에게나 중요한 것이 있다. 그것은 "나"를 최후로 발견할 수 있는 것이다. 나의 위치를 알 수 있는 것이다. 그것은 다름 아닌 선택! 선택, 이것은 자신의 성공과 실패를 이름지어줄 것이다. 모든 것에 있어서. 그러나 그 선택이 어떤 것인가? 오직 자신이 100% 책임을 져야한다. 물릴 수도 없는 선택의 자유! 자유의지, 선택은 자유지만 또한 책임도 져야 되는 무겁고 어려운 것이다.

맘 울림

잡을 수 없지만 잡으려한다.
흩날리는 낙엽은 언제 떨어지는가
Speaker의 진동은 외로운 떨림입니다
시끈거리는 비공의 울림은 기대 찬 수풀입니다
한 박자 한 박자가 맞도록
테이블에 입 맞추는 손바닥
이때 조용한 발걸음

늦어서 미안!
일이 밀쳐져서 모두 남았다고
벽을 조금이라도 헐자
옆에 앉아 가까이 가보자
한마디 한마디가 부담이 없으니
천만다행이다
정말 천만 다행이야
악수와 함께 헤어지지만…

추억의 한 페이지

- 1985년 12월 29일.

(농성와드 - 광천동 - 양동 - 총장다드 - 워킹)

이 해를 넘기지 않으려는 생각 때문에 너무 괴롭다. 간단한 문제가 아닌데, 시간을 갖고 해결해야 될 문제인데, 왜 난 이리도 서두르는가? 서두르기 때문에 마음만 조급해지고 이토록 냉랭한 거리를 헤매고 있지 않은가! 그래 나도 생각한단다. 그런데 왜 주저해지는가? 양동시장 앞에서 왜 망설이는가? 불안해하나? 나의 실수는 이 경솔한 입이다. 잊자니 잊혀지지 않는다. 뭘 믿고? 생각해본다. 그 애가 현재 좋은 조건이어서 얼굴이 예뻐서, 사람을 끄는 뭐가 있어서, 난 그 애 때문에 괴로워하고 있는가? 그 애의 조건이 지금의 반대라 해도 그 애를 사랑할 수 있을까? 아니다, 난 그 애에 대해서 어떠한 것도 바라거나 요구하고 싶은 건 없다. 단지, 한때 피었다 시들어버리는 꽃일망정, 자유스럽게 마음에 부담 없이 한 여자를 한 생명을 사랑하고 싶은데 나에게 무슨 죄가 많기에 고난의 연속이니…….

나도 잘못인지 모르지 좋아하지도 않고 안중에도 없는 사람을 얄팍한 심정, 정 때문에 좋다는 소릴 듣고자 하니, 보이지 않는 가운데 더욱 더 강한 정을 느낀다. 이 생, 나에게 주어진 젊음이 금방 시들어버릴지도 모르는. 아냐, 내가 왜 이런 바보 같은 생각을 하는지. 역시 여자는 요물이라더니, 나는 사랑 못할 사람인 줄 알았다. 그러니 고마워해야지. 나에게 사랑을 가르쳐준 그애에게, 그 애가 누구와 놀

아나든 난 상관이 없다. 이 생각하니 온몸이 섬뜩하다.

내가 나쁘게 생각하면 생각할수록 그 애에 대해서 걱정이 앞서니……. 이제까진 좋은 방향으로 생각지 않아서 나만 괴로웠다. 사랑하는 사람이 아니라 사랑했던 사람, 추억의 한 페이지로 만들기 위해서 좋게 생각하자. 그래서 나도 좀 편하게 지내자. 사랑이라도 이젠 싫다. 괴로운 사랑.

함부로 입 벌리지 않으련다.

바로 잡는 것이 빚 갚는 일이다

- 1986년 1월 28일.

"내 꼬리는 짧은 데 왜 빨리 잡히나."

금성 SVC에 들렀다. 유상의 조건이라서 3,100원을 내야한다. 나는 힘이 없다. 하지만 양심은 있다. 나는 나의 마음을 밝혔다. 시정되었으면 하는 것들도 표시했다. 그러나 그것은 할 소리가 못 된다. 자기 혼자만 착실한 척, 확실한 척 하지만 그것은 이 사회에선 알아주질 않는다. 이 소리 저 소리 다 하면서 서로 상대편을 이해시키려고 들었다. 그러니 결말을 찾기가 힘들었다. 결국 잘 사는 쪽에서 양보를 하였지만 이것은 소비자의 잘못이 더 크다. 그래도 입은 살아서 거의 1시간가량 이야기 한 끝에 설득시켰다고 봐야하겠지. 그렇게 해서 약간은 기분이 좋아서 완전히 뿌리는 파 버리고 싶은 심정에서 판매한곳을 찾아가 봐야겠다고 마음먹고 그곳으로 향했다. 그것은 앞뒤 생각지 않은 일이다.

무작정 반도상가에 들러 아름아름 거리는 상호를 기억해내면서 녹음기를 들고 이 골목 이쪽 길거리로 돌아보았으나 찾고자 하는 '그…….'는 나타나지 않았다. 하는 수 없이 이런 얘기하고 집에 전화해서 부모님의 말씀 듣고 일을 하려다가 그냥 조금 아는 한양전자(선배)에 들렀다. 그 집을 생각나는 대로 말씀드렸더니 '구일전자'라며 친절하게 골목까지 가르쳐주신다.

그때까지도 좋았다. 차라리 그때 찾지 않았으면 하는 것이 보통 인간의 심정 일게다. 다음 결과를 보면 아니면 엄마께 전화해서 전해드렸어도 뒷일은 생기지 않았을 거다.

찾아 들어가니 다행히도 물건도 알아보고 사간 사람도 기억했다. 그러더니 한다는 소리가 그것 남은 돈이 있단다. 아뿔싸 엄마께서 그런 말씀을 하셨던 것 같은데……. 보증기간 연장 받으려고 갔다가 오히려 더 씌우고 나왔다. 나는 자신 있게 소 잃고 외양간 고친 격으로 찾아갔지만 그쪽에선 호박이 넝쿨 채 굴러온 셈이다. 그곳에서 그냥 했으니까 그냥 집으로 갈 것이지 뭘 꼭 따지려들려고 하다가 결국 당했다.

"깊게 따지려 들지 말자."

* 바로 잡으려는 P 패턴이 있다. 그것이 꼭 정의는 아닌데 말이다. 좀 대충 살아도 되는데, 맞다 바로잡으려는 것이다. 착하거나 똑똑한 문제가 아니다. 앞으로도 바로잡는 것에 치중하다보니 위의 일처럼 조금 손해는 볼 수 있지만 나나 나의 관계인이 알고도 짓고 모르고도 잊고 지난 빚을 갚을 기회를 잡았으니 가벼운 마음으로 발걸음을 옮길 수 있겠다.

박병규 원장님을 뵈면 겸손해진다

- 기도하는 마음(LDS)

- 1986년 1월 29일.

아침 6시 시계 벨이 요란하게 울리기도 전 엄마께서는 아침을 준비하시는가 보다. 식은 밥을 먹여 보낼 수 없다는 생각에서 잠을 설쳐가면서까지 냄비 밥을 해서 전기밥통에 넣어두셨다. 깊고도 넓으신 은혜 어떻게 다 헤아릴지. '-삐- 삐 '- 1Hz 간격으로 울리는 삐삐벨 소리……. 계속 놔두면 동네가 시끄럽고 지금 일어나 꺼버리면 잠이 덜 깰 것 같고 잠시 더 기다렸다. 정신을 가다듬고 오늘 내가 일찍 서둘러야 할 이유를 생각 해봤다. 부모님께서 걱정하시고 계시니 빨리 해결되었으면 한다.

첫 버스를 타고 송정리에서 내리니 아직 먼동이 틀 무렵, 아침 이슬이 온몸에 적셔 들어온다. 조금 서 있으니 햇살이 뽀얗게 내 몸에 살짝 와 닿았지만 따스한 온기는 없다. 겨울은 겨울이구나. 지나가는 사람들이 이상하게 보고 있는 것 같다. 1시간이 되도록 저렇게 추운데 서있는 사람을 보고 말이다. 그런 생각도 막무가내 정녕 기다리는 사람은 오질 않고 출근 시간이나 가끔 아는 사람만 지나치며 눈웃음 짓는다. 이젠 안 되겠다. 1시간 30분 이상을 기다렸는데 무슨 문제가 있구나 싶어 우선 몸 좀 녹일 겸해서 전선 전화국에 들러 동전 교환하고 나오니 내가 갈 방향의 시내버스가 온다. 일을 저질러놓고 해결하고 싶어졌다. 거기에 도착하니 거기에도 기다렸던 분은 오시지 않았다. 근무자에게 접수하고 의뢰하니 부대에 가셨단다. 아이고…….

아직도 도착하실 시간이 못 됐다 해서 아저씨를 뵙고자 2층으로 갔다. 의외로 그분은 신경써주실 것 같았다. a - 3408(통신전자)를 말씀드렸더니 뒤 대답이 시원하시다. 이제 한시름 덜었다. 어서 집에 가야지. 얼마나 기뻐하실까. 그러나 확실한 것은 아니니 너무 설레지 말아야지. 오다가 신학원에 들러 박병규 원장님을 뵈었다.

주어진 특성을 주님 가까이서 성취할 수 있기를 바라네.

주님의 손이 뻗어지는 범위에서 항상 있기를. 그분을 뵈면 항상 겸손해진다.

서울 이모님 댁과 친구 집 나들이

- 1986년 2월 3일.

오늘부터는 서울거리다. 새벽 3시 30분에 용산역에 도착하여 갈 곳은 있지만 교통편이 없어 다방으로 들어갔다. 우유 한 잔을 시켜놓고 오락 한 번 하고 서운해서 한 번 더 한다. 언제 잠이 들었는지 철완이가 잠을 자고 있다. 그것을 보니 나도 잠이 온다. 한참 있다 보니 6시가 넘어 30분에 가까워온다.

철완이를 깨워서 전철역으로 간다. 서울 와서 처음으로 전철 타고 공능동으로 향한다. 이른 출근시간이라서 전철 안은 한가하다. 간혹 신문팔이 소년이 소리 내며 지나갈 뿐 움직이는 사람은 없다. 석계역에 내려 집까지 걸어간다. 현숙이가 벌써 일어나 있었다. 한참 시끄러우니 철호도 일어났다. 아침식사를 하고 철완인 학교에 나는 학원가로 가기 위해 종수에게 전화하러 간다. 종수에게 전화해서 강남고속터미널에서 만나기로 하고 현숙이와 철호의 안내를 받아 석계역으로 간다.

표를 사고 내가 갈 곳을 물어본다. 시청에서 갈아타래서 그렇게 하니 또 한 번 갈아타야 했다. 겨우 도착하니 생각보다 너무 넓다. 아무리 쫓아다녀도 찾을 수가 없어서 다시 전화했다. 표 파는 곳에 있다고 전화하고 아무리 기다려도 뵈질 않는다. 이리저리 보아도 없다. 10시에 떠나서 벌써 12시 15분! 30분까지 기다리고 전화해서 나 혼자 찾으러 왔다고 전화해서 미안하다고 해야지 하면서 생각하고 있는데, 어디선가 '중영아'해서 소리 나는 쪽을 보니 종수가 걸어오고

있다. 얼마나 반가운지. 우리는 추워서 따끈한 우유 한 잔씩을 먹고 전철을 탔다. 세운 상가로 가서 학원을 찾는다.

아주TV학원을 찾고 사진관을 찾으려 했으나 결국 못 찾고 만다. 학원 지침을 되새기면서 종진 형을 만나려고 동대문역으로 간다. 한참 만에 형을 만나 점심도 먹고 다방으로 간다. 그때 시간이 4시가 다 됐다. 형에게 5,000원을 받아서 여러 가지를 사들고 이모님 댁에 다시 간다. 종수와 함께 가니 철완이가 와있었다. 서운하지만 인사하고 연순이를 만나러 간다. 연순이를 만나 식사도 하고 차도 마신다. 이제는 밤 8시가 지난 지가 오래됐다. 종수를 따라 집으로 갔다. 종수 엄마께서도 와계신다. 피곤해서 그냥 잠자리에 들었다.

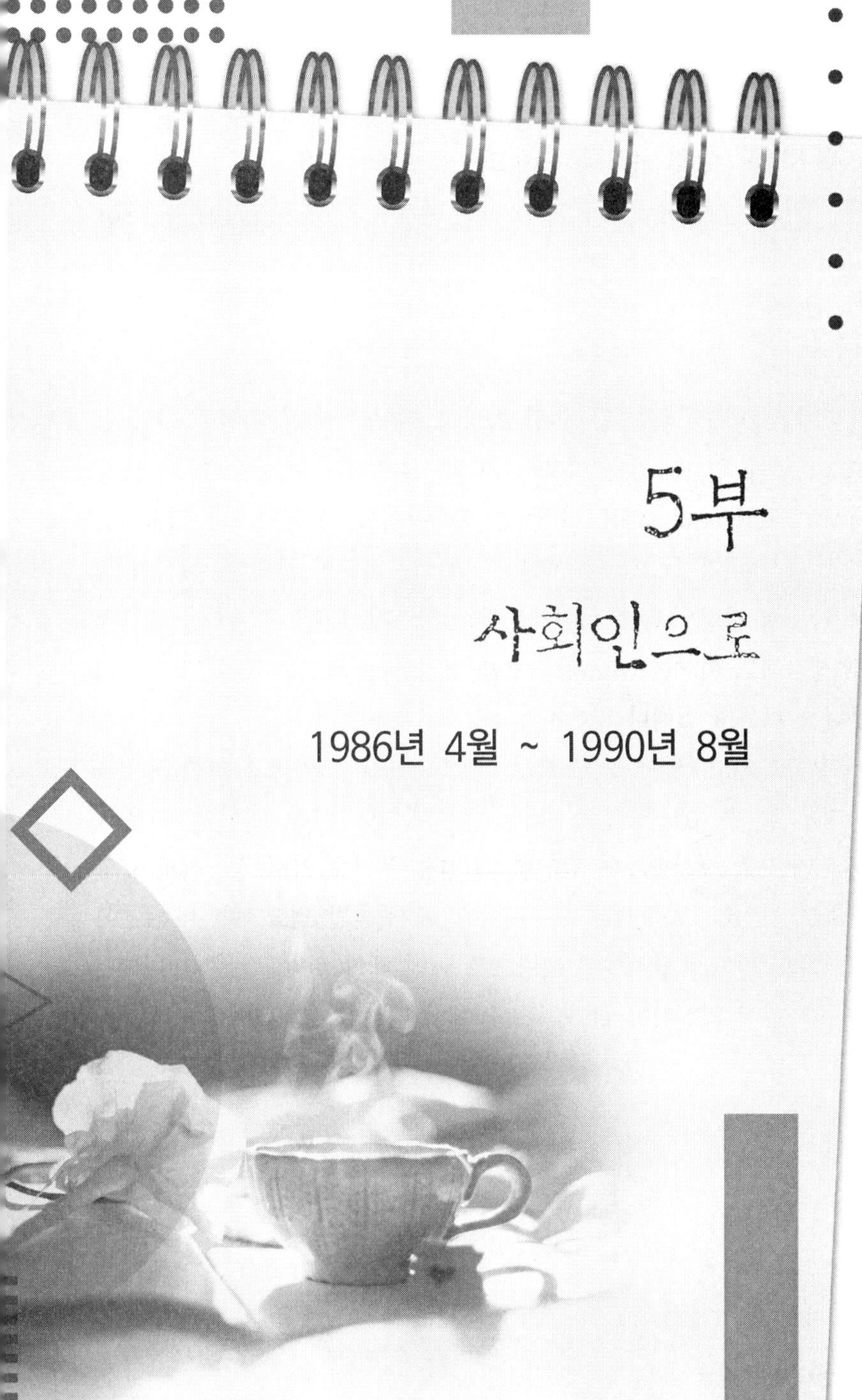

5부

사회인으로

1986년 4월 ~ 1990년 8월

사진관 숙부님[21)]은 나의 스승님

- 1986년 4월 10일.

이기심보다도 자기만을 위한 자랑이 아니라, 자신을 키울 수도 있고 더 낫게 할 수 있는 마음의 자세! '팔은 안으로 굽는다.'고 했지. 역시 그런가 보다. 다른 사람에겐 덜 관심이 가지만 나의 가족에겐 더욱 관심이 가니, 그러나 이건 그 말과는 다르지 않을까? 세상이 돌아가는 게 가정도 없고 위아래도 없어서인지, 내가 내 가족을 지나치게 생각해도 이상한 눈초리로 보는 실정이니, 당연한 것을 가지고 너무나들 떠들고 있지나 않은지?

기쁨도 있고, 만족도 있었고, 희망도 있었다. 언젠가는 품고 있는 나래를 펼 수 있도록 힘쓰시라. 보람이가 벌써 4살. 어찌할 수 없었던 것이라고 생각했는데 당연한 거였다. 부천에 가서 정송이도 보고 강하도 보았다. 가족이란 모름지기 함께 한솥밥 먹고, 한 지붕은 아니더라도 떨어져 살지언정 사랑으로 함께 해야 한다. 작은어머니께서 수술을 다시 하신다고 한다. 숙부님께서 염려가 크시겠다.

21) 사촌 중에 다섯째 숙부님을 거쳐 가지 않은 조카들이 없을 정도로 후덕하시고 마음이 크신 분들이시다. 저자도 숙부님 영등포사진관과 부천 역곡 자택을 오가면서 군입대 전 자격증 취득하려고 지냈던 시절이 있었다.

구원에 대한 고민

- 1986년 4월 20일.

요즘 나는 정신적으로 매우 긴장해 있나 보다. 시험만 보고나면 힘이 다 빠져 어찌할 수 없다. 교회에 가면 그래도 신앙에 대해서 인간관계에 대해서 자신이 조금 선다. 어떠한 욕구나 감정을 버리고 대하자. 그렇게 대할 때, 나의 마음도 편하고 서로 부담 없으리라. 역곡동에 점심도 먹을 겸 반찬통과 빨래를 가지고 갔는데 작은 어머니께서 "중영이는 이상한 교회에 다닌다고 그래." 그러자. 정송이도 "이단교회, 나가면 구원을 받지 못해."한다. 그러면서 기독교와 이단교회의 비교글로 보여주는데 전부 일방적인 내용이다.

구원이란 무엇인가. 그리스도의 대속은 어떤 의미인가. 성경 외에 몰몬경 교리와 싱악, 값진 진주가 있어야하는 필연성에 대한 것은? 예수는 누구인가? 하나님은 누구인가? 왜 인간은 이단이란 말을 만들었는가? 종교란 무엇인가? 궁극적인 목적은?

이단인지 참된 교회인지도 하나님이 판결하는 것이 아닌가! 왜 인간의 지식으로 구별하려드는가, 그렇게 말하는 사람들은 이단이 아닌가!

지금 하나님은 어떤 인간을 요구하고 계신가? 참되고 선한 사람 하나님 나라에 들어갈 준비가 되어 있는 사람이 아닌가?

뿌리회여 영원하라

- 1986년 4월 21일.

도서관에 갔는데, 공부 양이 너무 적다. 공부하는 시간이 너무 적었었다. 욕심 부리지 말고 조금씩 해나가자.

모든 것을 용서와 사랑과 포용함으로써 나를 지켜나가자! 내가 태어난 의미는? 나는 무엇을 할 것인가?

성격이 다른 사람의 모임은 이렇게 되는가? 나의 뿌리회는 어찌될까? 8명인데……. 염려스럽다. 서로 화합이 잘 되었으면 한다. 민이에게 처음 편지 받았을 때 그 뒤……. 경연과 함께 했던 자취생활, 래연의 학구열, 동권의 다부짐과 명석함, 유성의 끈기와 인내, 극기, 뿌리회의 모범원, 장섭인 정말 너무 착해. 철운인 절실한 종교인. 그리고 잘 할 줄도 모르면서 나서길 좋아하는 나는 지금도 어떻게 이 모임을 이끌어갈 줄 몰라 그 방법을 찾고 있는데 머리가 돌지를 않아. 도구를 사용하고자 애쓴다.

온 마음을 다해서 사랑으로 함께 하자. 뿌리회여!

- 2020. 8. 19. 경연의 전화를 받고

창근이와 대화

- 1986년 4월 26일.

창근이가 다녀갔다. 항상 말없이 묵묵히 살던 그 친구다. 목포가 고향이고 9월 1일생 22세에 걸맞지 않은 얼굴과 모습. 모든 사람들이 반복해서 나이를 알아볼 정도니 알만하다. 무려 3시간가량 많은 얘기를 했다.

우리는 왜 이곳에 왔는가? 우리가 왜 이 지상에 왔는지? 어떻게 살아야 될 것이지를 얘기했다. 개인의 목표는? 종교문제는 마음의 문제이다. 평온하게 마음먹고 믿음을 갖자. 확신을 얻어야지. 불안요소를 제거하자. 하나, 하나 따지려들지 말고 대범하게 大를 위해서 小를 희생할 줄 아는 용기를 배우자. 더 높은 봉우리를 쌓기 위해서……. 10시 30분에 돌아갔다.

바람이 차구나. 버스 노선 모르니 전철 탄다고 오는 길로 되돌아서 집으로 향하는 친구. 믿음직스러워 보인다. 순진한 친구, 용기도 있다. 야심도 있다 의지도 강하다. 장점은 배우자.

서울 영등포 지부 대회

- 1986년 4월 27일.

감리 제이콥 디오거 장로. 서울에서 맞는 첫 stake대회 타의에 의해서건 자의에 의해서건 난 큰 축복을 받았다. 이러한 축복들이 오직 주님만을 위하게 쓰여질 수 있기를 간절히 감히 바라본다.

오늘밤도 주관하시는 주님. 영등포지부 대회를 잘 준비할 수 있도록 도와주시옵소서. 지부장님을 축복하시고 어려울 때 교회를 돌보시는 모든 역원님들은 당신의 사랑으로 감싸주시고 그들이 지쳐도 지치지 않게 하여 주옵소서. 알찬 하루가 늘 당신과 함께 할 수 있기를 간절히 간절히 바랍니다.

광주에서 '기영' 형님이 오셔서 역촌동에 다녀왔다.

장래희망 다지기

- 1986년 5월 7일.

여독이 남아있어서 공부는 아니 되고 잡념에 휩싸인다. 계속 놀고만 싶어지고, 왠지 모르게 친구가 그리워진다. 장현옥, 오말숙, 하야로비 멤버들. 최은숙 만나고 인식 형 만나니 맹숙 씨까지 만나게 되었다. 새로운 기분이 든다. 문제! 세상 사는데 문제가 너무 많다. 정도 없는 문제들, 사랑도 애정도 없는 문제들. 이쪽에 가면 이렇고 저쪽에 가면 저러니 속 모르는 사랑을 차라리 눈, 귀, 코, 입 다 막고 처박혀 사느니만 못 할 거다. 남들이야 직장 다니고 있지만 난 더 큰 것, 작지만 큰 것을 얻고자 지금도 공부한다. 그렇지 않았으면 나도 진즉 직업전선에 뛰어들었을 것이다. 나의 길은 공부를 해야만 직장을 잡을 수 있기든.

유선기사 > 군 > 연구소(대학 나가) > 내 사업 > 사회사업

순리대로 살자

- 1986년 5월 9일.

내게 없는, 없었던 계획은 새로 만들지 말자. 없던 걸 새로 만들려 하니, 얼마나 힘이 들었는가 말이다. 욕심 부리지 말자. 몰랐던 것은 알 수 없는 것이다. 알려고 하는 의지와 용기는 훌륭하나. 그게 성취되지 않은 것에 대한 욕구불만족에 의한 정신적인 고통은 얼마나 글거나. 쉽게 살자는 것이 아니고 자기의 삶을 너무나 뒤엎으려 들지 말라는 것이다. 자연의 순리대로 살자는 것이다.

왜 요즘은 모두들 나를 멀리하는지? 하지만 가까워진 분이 계신다. 학원의 '강석원!' 님이 그분이다.

사탄으로 옳음을 구분하게 되었다

- 1986년 5월 10일

주님이 살아 계시다는 것. 말일의 참된 교회가 회복된 이유이다.

회복 - 개신교 - 천주교 - 주님의 교회다.

잊지 않도록 하자. 새로 교회 다니는 기분으로 다니자. 지부장님과의 대화에서 얻을 수 있었던 확실하고도 바른 말씀들을 불안해하거나 다른 말에 귀 기울일 필요가 없다.

주님을 기억할 수 있도록 최후의 만찬 - 성찬식을 제정하셔서 오늘날에도 주님의 살과 피를 기억할 수 있는 '다락방의 만찬'과 '의식'이 행해지고 있다. 그리고 확실한 것은 우리는 순돌이다. 그 돌이 금이 정제되어 나올 수 있도록 주님의 뜻에 좇아 살아야한다. 만약 사탄이 없다면 옳고 그름을 판별할 수 없었을 것이다.

진정으로 사탄을 따른다면 완전히 파괴될 것이지만 주님의 방법대로 사탄을 대한다면 아무 염려 없는 것이다. 몰몬경은 아직 완전한 번역을 못했다. 훗날 누구를 택해서 요셉 스미스에게 행했듯이 그럴 것이다. 교리와 성약은 영감의 지시로 써내려간 참 진리이다.

큰 배움을 향하여 정진

- 1986년 5월 13일.

공부하는 방식이 틀렸을까? 사실 따지고 보면 알기도 많이 알지만 모르는 게 더 많으니 '큰 배움'이란 게 얼마나 무궁무진할 줄은 이제야 조금 알겠다. 하면 할수록 문제는 더 생기니 왔다 갔다 하다가 시간이 다 가겠다. 조금이라도 길게 앉아있자. 원, 이래가지고서야 어디 공부한다는 사람의 행동이라 할 수 있겠어. 학원에서 의논해보면 나처럼 공부하지 않는 사람도 없다 아주 평범할 정도로 공부를 안 하고 있다. 오랜만에 종수를 만났다. 많이 흘렀다. 2월엔 그렇게 많이 도와주었는데 보답할 기회를 주지 않으니 꼭 만나고 싶었는데…….

실패는 성공의 어머니

- 1986년 5월 15일.

"너에게 사진 가르쳐 준 것은 나의 잘못이었어." 작은 아버지 말씀이다.

"너무 쉽게 생각하기 때문이야." 내가 사진 배울 때만해도 선생님께서 "버리는 것은 있을 수 없는 일이다." 그리고 현상, 인화, 촬영, 필름통. 누가 만지게 하나 그저 바라보고만 있으라니, 그렇게 했는데 너는 '응, 이것 별 것 아니구만.'하고 한 것이어. "꼭 안 버려야 한다. 아, 이 약은 어느 정도 기능을 발휘하고 있다. 어떻게 해야겠다는 게 떠올라야 하는데, 너무 쉽게 생각하니 그렇다." 또 실수를! 정말 미치겠다. 칼라 중복할 영원인, 촬영 전 광 투여 현상 시 썩은 약에 현상……. 헤아리자면 셀 수 없을 정도로…….

실패는 성공의 어머니란 말이 나에겐 무용지물한 것이다. 재기할 여지가 없다. 이를 악 물고 잘해야 한다. 터지지 않아야 한다. 하는 생각도 해보지만 오기와 의지와 끈기가 나에겐 부족하다. 지금까지 이 일 말고도 얼마나 많은 허점을 남겼는가! 그래서 결국 나에게 오는 것을 자기 퇴보 뿐 발전이란 것을 기대할 수도 없다. 나의 길이 아니라서 그런가보다. 자연의 이치 그대로 순리대로 살고자하는데 자꾸만 유혹에 휩싸여 다른 곳에 눈을 돌리게 된다. 이번 시험도 걱정이 된다. 이런 식으로 공부해서 무슨 좋은 결과를 기대할 수 있을까!

서상현 성생님께 '전보'를 보낸다.

김기호 지부장님을 향하여

- 1986년 5월 18일

책임을 온전히 다 하는 것. 교회 직책을 맡으신 분들, 김기호 지부장님. 오늘 밤 새로이 뵌 느낌이다. 일요일 밤 조용히 교회를 돌아보시는 분, 오늘은 전기불이 켜져 있다. 들어가 보니 방 하나가 잠겨있다. 그 순간 불길한 예감 전부 뒤져봐도 열 수 있는 방법 없다. 결국 열쇠를 뜯고서 열어보니 천만다행히 아무도 없다. 얼마나 불안하셨을까? 이젠 안심하셔도 될 겁니다. 교회의 모든 지도자님들은 다 마찬가지다. 그리고 훌륭한 성도들도 마찬가지다. 김기호 지부장님을 뵌 것이 나에겐 하나님께서 주시는 큰 축복이리라. 감사합니다.

제가 그분의 모범을 온전히 따를 수만 있다면 더 큰 영광은 없겠습니다. 부디 그분과 그분 가정에 가호가 있기를 바라옵고 지금 자라고 있는 유신이가 아빠 엄마가 원하는 아이로 성장할 수 있도록 보살펴 주시옵기를 간절히 바라옵나이다.

비 오는 밤에 봉고차로 식구 모두가 오셨다.

* 교회청소 = 관리제도를 만들어 월 5만원을 만들어주셨다. 학원비가 남게 되었다. 어머니께 반대로 돌려드렸더니 놀라셨다.

광주행 고속버스

- 1986년 6월 3일~5일.

광주행 고속버스를 오전 9:40에 탔다. 4시간 20분가량 소요되어 광주에 도착하니 오후 3시 10분, 친구를 만나보고 송정리에 들러 이모님 뵙고 종분 누나 만나 얘기하다보니 시간이 7시가 넘었다. 영광통에 오니 버스가 오지 않는다. 8시 안에 들어가야 하는데 하면서 친구들이 전화할 것이라고 생각됐으며 또한 그렇게 할 것이라고 믿으니까 빨리 가서 보고 싶었다. 그런데 시간은 점점 흘러가서 8시 10분! 집에 와보니 아무도……. 실망하고 잠을 청한다. 부모님께서 한여름에 고생을 많이 하셨다.

4일 날은 6월 콩밭조금 메고 오후에 광주에 나가 화순 누나, 동권, 금재, 상인이 등 여러 친구들을 만날 수 있었다. 새로운 우정이 싹트는 것 같다. 친구와 해결을 짓고 싶었는데 그리 못하고 편지하게 되어 애석하다.

연옥이에게도 전화하고 행숙이, 신하주소 등 알려고 하고 전화 걸고 서울행 통일로 열차에 올랐다. 엄마께서 열차까지 바래다주셨다.

밤 10시 40분…….

올림픽주경기장을 구경하다

- 1986년 6월 21일.

숙부님 덕택에 우리 친척, 식구들 중 가장 먼저 올림픽주경기장을 가본다. 실제로 별 것 아니라 할지라도 그걸 보았다는 데 큰 의미가 있는 것이다.

시골 계신 부모님께 전화했다. 얼마만인가! 일터인데 금방 돌아오신 아빠께서 받으신다. 얼마나 반가운지……. 말씀은 무사하시다는데……. 오늘 이곳에 나의 발자국이 안 간 곳이 없게 하련다. 경기장 다 돌아봐야지 학생 체육관, 복싱관만 빼놓고 다 갔다. 시간이 조금 늦을 것 같아서 돌아오는 길에 엽서를 두 장 샀다.

유선설비기사 필기시험에 합격하다

- 1986년 6월 24일.

유선설비기사 필기시험에 합격했다. 그렇지만 그 기쁨도 잠시, 어제와 오늘의 기분은 아주 딴판이다. 합격되어서 그렇게 기쁠 수가 없지만 지금 심정은 그렇게 마음 터놓고 기뻐할 수가 없다.

어느 곳에 손을 벌려 돈을 낼까? 6만원이란 돈, 거금을. 부모님께도 말할 입장이 못 된다. 부모님들께서도 돈을 땅에서 파시는 것도 아니고 또한 내가 돈을 타서 쓰는 줄 알고 계시니 선뜻 말씀드릴 수도 없다. 말씀 드리면 부모님들께서 또 멀리서 뭐가 잘못되어서 돈을 못 타게 된 줄 아시고 얼마나 걱정하실 것인가! 그래서 누나, 매형에게도 부탁드려 보지만 '일이 안 돼 곗돈도 못 내고 있다.'하니 어디다 손을 빌릴 수 있으랴? 그렇다고 숙부님께 말씀드리려 해도 현재 정송이, 충영이, 강하에게만 들어가는 것만 해도 엄두도 못 낼 정도다, 내일이면 또 집세 내는 날이니…….

오늘은 138,390원을 은행에서 방법을 찾으려고 다녀보지만 되지 않는다.

집에 엽서를 썼지만 수·발신 주소를 쓰지 않았으니 집에는 알리지 말라는 것 같은데, 대신 회사에서는 군필이거나 야근할 수도 있고, 회사 사정에 따라 줄 수 있는 사람이어야 하고, 16~19시 사람 구한다니 결격 사유가 한두 가지가 아니구나. 그래서 옛 생각이 나서 할까하고 역에서 유턴, 신길동 옛집 부근까지 갔다. 112번 타고 돌아본다. 바로 풀어가기 위해서…….

떠나는 분의 환송식

- 1986년 6월 28일.

"이세정 형제님 댁에서 독신 성인 모임."

이영해 자매님 떠나신다고 양재승 형제님, 김학영 형제님, 김용구 형제님, 김정원 형제님, 김정수 구도자님, 또 한 분, 함수원 구도자님, 두 분의 장로님, 손선옥 자매님, 최길자 자매님, 이영해 자매님, 김미나 자매님 등 참석하였다. 방 안 가득히…….

헤어지며 이영해 자매님과 조금 얘기한다. 나는 얼마나 전달할 수 있었는가! 나라는 사람을 잘 전달할 수 있도록 "나"를 발견해야 될 것 같다. 즐비하게 잔소리만 늘여놓은 것이 아니라 간단명료하게 "나"를 나타낼 수 있는 방법을…….

서상현 선생님

- 1986년 7월 4일.

사람이란 자기에게 잘해주기만을 기대한다. 누구나 다 그렇다. 기대하다 조금이라도 잘못되면 그냥 실망에 빠져서 시기하고 질투하고 만다. 그 마음을 바꿔야한다. 자제할 수 있어야 한다. 누구를 위하여 살고 있는가.

나는, 나는 지금 뭘 하고 있는가? 왜 서울이라는 복잡한 도시에서 눌려있는가? 서울에서 살 마음의 자세는 갖춰져 있는가? 이루어질 수 없는 하늘의 뜬구름을 좇고 있지는 않은가? 알 수 없는 일이니. 선생님을 한 번 뵙고 싶다. 의논을 해보아도 결론은 내가 한 것이겠지만 그래도 한 번 찾아가 뵙고 싶은데. 지금은 어디에 계시는지? 서상현 선생님…….

집에는 어떻게 장마를 대비하시는지 왕골은 얼마나 자랐는지 말뚝은 다 박으셨는지 뿌리 피해가 없는 소득이 나야 소득이라고 말할 수 있는 건데…….

몰몬인의 성도의 벗

- 1986년 7월 6일.

“자매님 곁으로 가고 싶었어요. 제가 교회를 처음 찾게 된 것도 이런 현상이었습니다. 아마도 제게는 아주 특별한 의미입니다. 그런데 갑자기 자매님이 가지신 『성도의 벗』을 주신다니 기쁘면서 어안이 벙벙했어요. 그렇지 않아도 자매님과 대화를 나눠보고 싶었는데, 제가 교회와 대화를 갖고자 원할 때, 『몰몬이란』 제목을 가진 소책자를 친구의 손에 들게 해서 교회로 인도했는데…….

이번엔 『성도의 벗』을 통해서 자매님과 대화할 수 있게 됐군요. 정말 기뻐요”

주님께서는 내게 사람과, 교회와 사물과 모든 것과 대화할 수 있는 능력을 주셨나 보다. 그래서 언어를 배워야한다. 그렇게 되어가고 있다.

셋째 중부님 댁 방문

- 1986년 7월 8일.

출발할 때 내가 있는 곳은 맑았지만, 역삼동에 도착해보니 비가 내렸다. 셋째 중부님께서도 잘 계셨다. 오늘은 다행히도 3남매가 다 집에 있어서 모두 만나볼 수 있었다. 순철이 형 옷이 작아져서 못 입는다고 날 주신다. 딱 맞다. 정말 고마우신 우리 중모님 감사합니다. 두 형들은 피곤해서인지 말이 없다. 숙이도 말이 없다. 모두 다 말이 없으시니……. 저녁식사를 적게 먹고 사진관으로 돌아오니 10시 반이 넘었구나. 문 닫고 부모님의 편지를 읽는다. 멀리 자식을 보내놓으시고 걱정이 아니 되실리는 없지마는 많이 걱정하셨다. 그렇게 걱정하신만큼 고생을 안 하는데…….

합격통지서와 함께 받으니 정말 더 기뻤다.

정말 감사합니다.

부천와드 헌당식

- 1986년 7월 12일.

오늘은 참으로 바빴다. 임희진을 만나고, 학원에 가고, 학원 끝나기가 무섭게 부천와드 헌당식 그로라움가요제에 참석하기 위해 부천에 갔는데 역을 나설 때부터 잘못 나갔다. 버스를 타고 뒤편으로 가서 제일병원은 찾았어도, 전화해보니 소사극장 부근이라고 해서 막상 도착해보니 표준 건물은 찾을 길이 없었다.

지금 교회를 찾는 것은 나의 책임을 위해, 영등표지부 대표가 아니라 다시 돌아갈 교통비를 빌리기 위해서였다. 시간은 8시가 되었다. 아무나 붙잡고 사정했지만 가는 날이 장날이라더니, 자기도 돈이 없단다. 아이고, 이젠 어찌할 수도 없다고 체념하고 전철역 가는 길이나 일러주시라고 부탁하시면서 걸었는데 어디까지 가냐고 한다. 영등포까지 간다고 하니 여기서 시외버스가 있는데 190원 밖에 하지 않는다고 자기 지갑 다 털어서(180원) 나의 10원을 더해서 표를 사주신다. 그렇게 고마울 수가 "그럴 수도 있다."고 하면서 나를 위로해주신다.

도움 주었던 분의 전화

- 1986년 7월 18일

'군위신강, 부위부강, 부위자강, 부자유친, 군신유의, 장유유서, 부부유별, 붕우유신' 숙부님께 '3강5륜'을 듣던 중 도움을 주셨던 분의 전화가 왔다.

영등포역이란다. 말씀은 다 듣고 나간다. 얼굴 모를까 잠시 걱정했으나, 저쪽에 환하게 빛나고 있는 광채가 있어 가보니 맞다. 너무 반갑고 감사하다. 당산동 제일은행 쪽 어린이 놀이터에 들러본다. 날이 후덥지근하여 오래 있지 못하겠다 싶어. 음악다방 좋다기에 음악다방 갔는데 음악은 없고 중앙 hole에는 광고만 나오고 있다.

이야기는 시작되어서 나의 이야기. 혜원이라는 이름과 아빠 이야기, 광주생활 성미 급한 남자의 이야기, 12시가 다 되어 나가려는데, 주스가 한 잔에 천 원! 야, 놀랬다. 어쩔 수 없이 천원을 외상졌다. 이번에도 또 내게 했구나. 필름이 필요하다고 하여 사진관 위치를 알려주고 역에서 헤어졌다.

한곳에 정진하라

- 1986년 7월 23일

형제님을 뵙고 소향이를 보냈다.

"한곳에 정진하라" 그렇다. 나의 갈 길은 주님의 길이 강하나니 열심히 해보자. 도와주실 것이다. 주의 길에는 어려움이 없으리니 힘을 가지고 열심히 노력하자. 7시 45분에 뵙고 돌솥밥 먹고 9시에 헤어졌다. 돈을 많이 쓰셨다.

고마운 분, 계속 생각은 해왔구나, 언젠가는 귀의하리라 믿는다. 나의 노력이 필요하다. 훌륭한 분이시다. 누구나 그렇다. 본격적인 종교생활이 아니면 열심히 라고 볼 수 없다

"가장 건전하고 깨끗하고 부정이 없고 부담 없다."

나의 생활도 다른 사람에게 손가락질 받지 않게 하자.

말에 대한 예의

- 1986년 8월 14일.

문훈 사진관에 갔는데 주인이 암실에 들어갔으므로 전화를 받아야 했다. 받고 보니 일영이 아빠셨다. 차기훈 씨를 찾았지만 아직 나오지 않은 상태여서 지금 계시는 주인이라도 바꿔드릴까 하고 전화 송화기를 막고 "일영이 아빠인데요."했더니 받고 싶지 않은지 나중에 하시라고 한다. 그래서 다시 내가 말했더니 대뜸 하시는 말씀이 "너랑은 새한에서 만날 때는 친하게 일영이 아빠라고 했지! 너 만한 나이의 사람이 아무한테나 '일영이 아빠'가 되냐? 김정호 씨라 듣지, 김 선생님이라고 해야지!" 나는 깜짝 놀랐다. 그렇다 남은 제3자에게 전할 때 정말 주의해야한다.

사는 게 뭔지 · 1

- 1989년 5월 29일. 맑음.

하루의 생활이 거짓말투성이다.
건강을 위한 정상적인 처세는 어떠한 걸까!
이 한 시간은 뭘 위해 뛰고 있는 가!
인간 대 인간이 경쟁력밖에 없는 현실
월급을 위해 시간제 일을 하신다.
끝까지 하셔서 큰 목재소 사장님이 되소서

누님께서 오셔서 가족이 조금 모이니 사람 사는 집 같다.
하루를 돌아보아도 하루 빨리 돈 버는 길밖에 없다는 생각이 든다.
소향이의 제안으로 누님이 X벨트를 사줬다.
보람이와 우람이가 쌔근쌔근 잘 잔다.

생존권 보장을 위해서

- 1989년 5월 31일. 맑음.

해야 한다. 어디서 어떻게든 해야 한다. 해서 꼭 따내야 한다.
나의 생존권 보장을 위해 내 삶의 boundary를 정해놓아야 한다.
이미 주사위는 던져졌다.
멈추어서 뒤집어지는 것을 끝까지 기다려보아야 한다.
아빠께서 너무 고생이 많으시다.
친구들은 왜 이렇게 연락이 없는 것일까!
소향이가 조금 괜찮아졌다는데 그래도…….

하수구 고친 날

- 1989년 6월 2~4일.

방황은 이제 그만. 하수구 잘 고친다는 것이 1층에 피해만 줬구나.

어제 일로 하루를 보내야 일이 되고 잘 하지도 못하는 것을 건드린 느낌이 든다. 그냥 간단히 했어도 될 것을 참고하라고 한 말을 실제로 옮겼으니 참말로 일이 꼬였다. 거기다 pvc파이프를 팔아먹는 아주머니 또한 너무한다. 이중으로 손해만 입었다. 제발 물이나 새지 않았으면…….

독서실로 가는 발걸음, 가볍기도 하지만 강한 책임을 느낀다.

사는 게 뭔지 · 2

- 1989년 6월 5일.

인간의 욕심이 문제인가. 사회의 요구조건이 그렇기 때문인가. 해야 할 일은 많은데 한심하다. 다른 날에 비해서 무척 괴롭다. 생각할 것도 많다. 어떻게 이 시절을 이겨낼 것인가. 버스 타고 전철 타고……. 그 사이 또 얼마나 걸어야 하는가. 그때는 헛수고했다. 나중에 후회하지 않기 위해서라도 지금 하자. 주위가 모두 보이지 않는 경쟁자이다. 중요 인간관계를 맺자.

가슴 속에 묻어두리다

- 1989년 6월 22일.

내 마음속에 가득 찬 것은 당신뿐이오. 어떻게 해서든 당신을 편하고 행복하게 보내드리리다. 당신같이 좋은(나에게) 이를 놓친다는 것이 아쉽긴 하지만 그 길이 당신을 위한 길이라면 당신의 앞날을 위해 막지 않으리다. 어디로 어떻게 어떤 이에게 가더라도 행복하세요. 다시는 생각 안 하리다. 이전의 마음상태를 잊기는 어렵겠지만 노력하리다. 아무 표현 없이 가슴 속에 묻어두리다. 내겐 괴로움이 될지는 모르지만 아름다운 추억으로만 묶어두리다. 손 한 번 잡아보지 못한 천치기에 아무것도 모르기에 이렇듯 무궁무진한 상상력으로 당신을 그리고 있는지는 모르나 사실은 그런 것도 없소. 무작정 당신이 좋아요. 그러나 그래선 안 된다면서요.

바늘허리 메어 쓸 수는 없다

- 1989년 6월 24일.

너무 성급한 나머지
바늘의 허리를 매어 쓰는 일은 없는지
나와 내 주변을 돌아봅시다.

새치기, 투기, 화투, 한탕주의, 교통무질서 등
급행주의가 판칩니다.
무엇엔가 쫓기듯 점점 조급하고
각박해져갑니다.

그동안 앞만 보고 치달아왔다면
이제는 좌우도 살펴가며
사람 사는 맛을 더해가면서 살아야 하지 않을까요?

갈등으로 벌어진 틈
여유와 양보의 실을 끼워
한 땀 한 땀 꿰매는 정성과 지혜가 필요한 때입니다.

인천 서울 드림

- In seoul dream

- 1989년 7월 6일.

서울이냐 인천이냐
직장(월급)이냐 기술(개척)이냐

대부분이 비슷하다
물에서 놀자
당장 이익은 인천이 더 낫다
서울로 가면 서울서 커야한다

무슨 일을 하든 후회 없고 미련 없이 해야한다
이 업은 지금 시작하는 곳에서 끝장을 봐야한다.

그래도 나 살고 싶은 곳은 서울이다
그러면 어떡하냐
서울서 살아야겠지
언제부터인지는 모르지만

어머니의 걱정

- 1990년 4월 20일.

내가 서 있을 곳은?

학원을 조회하고 6번 타고 남동 공단에 들렀다.

진양가게 통신 PART에서 근무하게 될 것이라는데, 일주일 안에 확정 된다는데.

어머니께서는 걱정스러워서 자꾸 말씀하시는데 나의 마음은 무엇인가 어디까지 진짜인지…….

뭘 찾기 위해서인지?

모두가 똑같다

- 1990년 7월 10일.

모두가 똑같다
- 노가다

급하게 필요할 때만 굽실굽실
사용하고 나면 언제 그랬는지 모른다는 식이다

내가 신경이 과민한 것인지
살살이 같은 사람들이 싫다

어머니께 전화하니 큰 집에 전화하란다
별 일은 없으시다는데
이상하다
가까이 살지 않으니
언제나 뵈옵게 될지 음성은 정정하신데

친구

- 1990년 8월 2일

앞으로 1시간만 있으면 부산터미널 앞에 있어야 될 저 자식은 현장 이곳저곳을 돌아다니다가 물건을 받고 작업지시도 한다. 땀으로 젖은 몸을 이끌며 이것저것을 정리할 때 민이의 전화를 받고 무척 반가웠다. 어제는 모임이 되기 힘들다는 말을 할 때 무척 괴로웠는데 가까운 곳에서라도 연락해 만나봐야겠다는 민이의 말은 내게 그 어떤 것보다도 힘이 되어주는 한마디였다. 가까이에 있다면 끌어안아주고도 싶었지만 전화 수화기만 잡고 후들후들 떨리는 손목을 염려하며 래연과 장섭의 전화번호를 불러주는 나는 분명 힘에 차있었다. 우리 모두 한 번 더 그 장면을 상기해보자. 뭔가 끌리는 이런 마음으로 지내자, 오전엔 래연이의 '잘해보자는 격려해주는 힘 있는 편지'를 받고 그 감정이 식기도 전에 민이의 전화는 오늘 하루의 느낌을 짧게 만들어주었다.

"토요일인데 지금도 일하느냐"는 민이의 말에 내일도 한다 라며 대답하는 나는 하나도 부담가질 게 없었다. 가야하는데 올 수 없다는 말을 하는 친구들의 마음도 얼마나 괴롭고 힘이 들었을까. 자기 사정도 몰라주고 막무가내로 와달라고 하는 나를 얼마나 원망했을까. 힘은 되어주지 못하면서 당장 눈앞에 보이는 것만을 생각했던 나 자신이 부끄럽고, 이번 모임 때문에 여러 친구들이 많은 관심과 염려로 모임 일을 하루하루 손 꼽아오면서 어떤 일이 있어도 꼭 참석하겠다라고 마음먹었기에 모이지 못하게 되자 매우 섭섭했을 것이다. 미안한마음 금할 길 없고 책임이 크다. 하지만 그렇게 품은 뜻이 컸으니 그 부푼 마음들을 헛되이 하지 말고 계속 이어나가고 함께 있지 않아도 한마음 한뜻으로 뭉치는 뿌리회가 되자, 의로운 친구가 되어 잘 살고 보람되이 살아서 후회가 작은 생이 될 수 있도록 하자. 개인의 이익보다는 여덟 뿌리 모두의 이익을 위해 먼저 생각하자. 조금은 자신을 희생할줄 아는 친구가 되자.

이렇게 하루를 보내면서 여러 친구들을 생각하는 것으로 하루를 정리하는 습관을 들이려한다. 괜찮다며 모두 등장하는 날이 오지 않겠나?

바쁘고 어렵고 힘든 상황이 계속된다 하여도 자기 주위를 둘러보아 산도 생각하고 바다도 그리며 노래도 불러보고 시도 쓰며 시간 있는 대로 친구에게 편지 한 장 써보는 것도 시간을 리드하며 살아가는 한 방편이라니. 우리는 큰 뜻을 지닌 대한 호남의 남성임을 자랑으로 삼고 살아보는 것이 어떻겠는가?

가능하다고 믿고 생활하면 뜻을 둔 곳에 의미가 있고 그렇게 되리라.

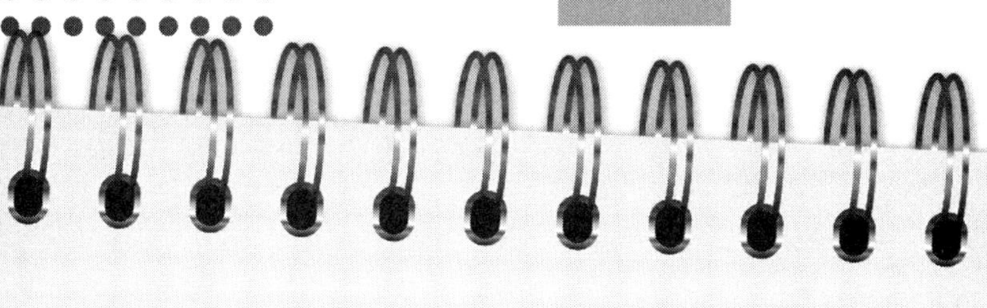

6부

오준영이 걸어온 길

Lordland University

119 Belmont Ave, Los Angeles, California 90026
P.O.Box 70070, Los Angeles, California 90070
Tel: (213)700-0886 (213)250-7744/ Fax: (213)250-7745

Lordland University

School Code: 88660429
State of California: 3040862

To all to Whom these Letters shall come Greetings

The Trustees of Lordland University on the recommendation of the Faculty

by virtue of the authority in them vested have granted to

Jungyoung Ohe

Doctor of Healing Ministry

Alternative Medicine

With all Rights, Honors, and Privileges appertaining there to

The authorized officers have hereto subscribed their names and

affixed the seal of the University at Los Angeles, California. USA

Awarded this 12th day of May, Two Thousand and Eighteen

Vice-President

Dean of Academic Affairs

Chairman of the Board of Director

President of University

▲ 박사학위 증명서

Lordland University

119 Belmont Ave, Los Angeles, California 90026
P.O.Box 70070, Los Angeles, California 90070
Tel: (213)700-0886 (213)250-7744/ Fax: (213)250-7745

Let's go to the Power Life!...... Lordland University

LORDLAND UNIVERSITY

School Code: 8880429
State of California: C3040862

CERTIFICATE OF GRADUATION

Student ID:	HM-D-016
Name in Full:	Jungyoung Ohe
Sex:	M
Date of Birth:	July 15, 1965
Permanent Address:	19 Daeseo 2-gil, Chuja-myeon Jeju-si, South Korea
Degree:	Doctor of Healing Ministry
Major:	Alternative Medicine
Date of Admission:	March 01, 2016
Date of Graduation:	May 12, 2018

THIS IS TO CERTIFY THAT THE STATEMENT ABOVE IS TRUE AND CORRECT.

Charles K. Jung, Ph.D. & D.D.
Dean of Academic Affairs

Charles K. Jung, Ed. D.
Lordland University
Dean of Academic Affairs

5/28/2018
Date

P.O.Box 70070, Los Angeles, California 90070
Tel: (213) 700-0886 (213) 250-7744 Fax: (213) 250-7745
e-mail: lordlanduniversity@hotmail.com
www.lordland.us

Let's go to the Power Life!.......

(제1쪽)

참 고 사 항

1. 감리원은 감리업무수행시 이 증을 항시 휴대하여야 하며, 발주자등 관계자의 요구가 있을 때에는 그에 응하여야 합니다.
2. 감리원은 그 업무를 성실히 수행하고 공사의 품질향상에 노력하여야 하며, 감리원으로서 품위를 손상시키는 행위를 하여서는 아니됩니다.
3. 감리원은 감리원자격증에 기재된 내용에 변경이 있는 경우 그 사유가 발생한 날로부터 30일 이내에 관할체신청장에게 신고하여야 합니다.
4. 감리원증의 재발급사유(훼손, 분실등)가 발생한 경우에는 정보통신공사업법시행규칙 제3조의 규정에 의하여 조속히 재발급 받아야 합니다.

34344 - 07511일
99.1.28 개정승인

145㎜ × 90㎜
(보존용지(1종) 120g/㎡)

(제2쪽)

감 리 원 자 격 증

발 급 번 호 : 11000392
등 급 : 특급감리원
성 명 : 오중영
주민등록번호 : 650715
주 소 : 경기도

정보통신공사업법시행령 제8조 및 동법시행규칙 제3조의 규정에 의하여 감리원 자격증을 교부합니다.

2000년 8월 11일

서 울 체 신 청 장 인

145㎜ × 90㎜
(보존용지(1종) 120g/㎡)

(제1쪽)

참 고 사 항

1. 정보통신기술자경력수첩은 항시 지니고 있어야 하고, 발주자등 관계인의 요구가 있을 때에는 이를 제시하여야 합니다.
2. 정보통신기술자경력수첩의 재발급사유 (훼손, 분실, 등급변경 등)가 발생한 경우에는 정보통신공사업법시행규칙 제20조제3항의 규정에 의하여 조속히 재발급 받아야 합니다.
3. 정보통신기술자는 정보통신기술자경력수첩에 기재된 내용에 변경이 있는 경우 그 사유가 발생한 날로부터 30일 이내에 협회에 신고하여야 합니다.
4. 정보통신기술자경력수첩을 타인에게 대여하거나 2 이상의 공사업체에 종사할 경우 정보통신공사업법 제40조 및 제75조의 규정에 의한 1년 이하의 징역 또는 1천만원 이하의 벌금형과 함께 동법 제68조 및 동법시행규칙 제21조의 규정에 의한 1년 이하의 업무정지의 처분을 받게 됩니다.

145mm × 90mm(보존용지(1종) 120g/㎡)

(제2쪽)

발 급 번 호 : 101200000001L
등 급 : 특급기술자
성 명 : 오중영
주민등록번호 : 650715-
주 소 : 경기도

정보통신공사업법시행규칙 제20조의 규정에 의하여 정보통신기술자경력수첩을 교부합니다.

2000 년 1 월 4 일

한국정보통신공사협회장 (인)

145mm × 90mm(보존용지(1종) 120g/㎡)

제 2013 - 15115호

수첩취득사실 확인서

자격번호	2013-11-22-2-000379		
자격종목	2급소방안전관리자		
성 명	오중영		
생년월일	1965년 07월 15일		
주 소	전북 진안군		
취 득 일	2013년 03월 29일	교 부 일	2013년 03월 29일
취득구분	시험합격		

「소방시설 설치유지 및 안전관리에 관한 법률」 제41조 및 동법 시행규칙 제29조 내지 제32조(「위험물안전관리법」 제28조 및 동법 시행규칙 제78조)에 따라 취득한 자격(수첩)을 상기와 같이 확인합니다.

2013년 07월 10일

한 국 소 방 안 전 협 회 장

KFSA 한국소방안전협회

※ 한국소방안전협회 홈페이지(http://www.kfsa.or.kr)에서 발급여부 확인 가능

제 2013 - 15112호

수첩취득사실 확인서

자격번호	2013-11-24-1-000105		
자격종목	위험물안전관리자		
성 명	오중영		
생년월일	1965년 07월 15일		
주 소	전북 진안군		
취 득 일	2013년 03월 22일	교 부 일	2013년 03월 22일
취득구분	강습수료		

「소방시설 설치유지 및 안전관리에 관한 법률」 제41조 및 동법 시행규칙 제29조 내지 제32조(「위험물안전관리법」 제28조 및 동법 시행규칙 제78조)에 따라 취득한 자격(수첩)을 상기와 같이 확인합니다.

2013년 07월 10일

한 국 소 방 안 전 협 회 장

※ 한국소방안전협회 홈페이지(http://www.kfsa.or.kr)에서 발급여부 확인 가능

KAEEA1302-06

환경교육지도사
Certificate

자　　격 : 환경교육지도사 1급

성　　명 : 오 중 영

생년월일 : 1965.07.15

상기인은 대한아토피환경교육협회에서 시행하는 환경교육지도사 자격과정을 이수하고 자격 검증에 합격하였으므로 환경교육지도사 1급 자격을 인증함

The person, mentioned above, is certified for a Environmental Education instructor as he/she completed the prescribed courses and pass the qualification test, operated by the Korea Atopy Environmental Education Association.

2013년 2 월 3 일

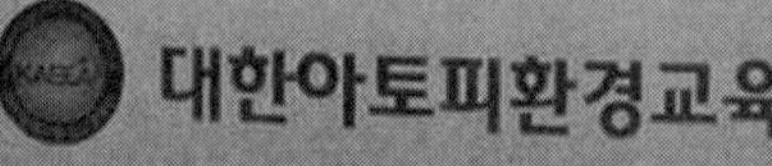

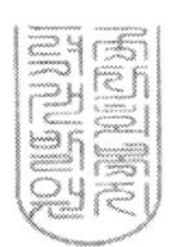

재한원 1-21 호

노 인 성 교 육 사

성　　명 : 오　중　영
주민등록번호 : 650715
자 격 등 급 : 1 급

위 사람은 한국사회복지인력개발원에서 시행한 제 1 회 노인성교육사 자격시험에 합격하였으므로 이에 자격증을 수여합니다.

2012年 1月 7日

한국사회복지인력개발원 원장

제 2011-0069 호

자 격 증

종　　　목 : 요가명상지도사

성　　　명 : 오 중 영

생 년 월 일 : 1965년 7월 15일

위 사람은 본교 자격 관리 · 운영 규정 제10조에 의하여 위의 자격을 취득하였음을 증명함.

2011년 08월 24일

원광디지털대학교　총장

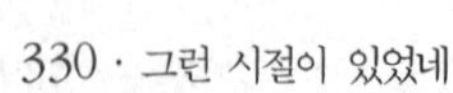

योगश्चित्तवृत्तिनिरोधः  योगश्चित्तवृत्तिनिरोधः

요가지도자 자격증

제 호 : 2053
자 격 등 급 : 2급 正師
성 명 : 오 중 영
주민등록번호 : 650715

위 사람은 요가 지도자 교육과정을 이수하고 소정의 자격시험에 응시하여 합격하였으므로 이 증서를 수여함.

2009년 2월 21일

사단법인 한국담마요가협회

회 장 박 남 석

Certificate

Name : Joongyoung Oh Registration No 2053
Nationality : Korea
Date of Birth : 15th July 1965

This is to certify that the above mentioned person has gone through the qualifying test successfully and has been qualified as a Yoga Instructor.

President
Korea Dhamma Yoga Association

योगश्चित्तवृत्तिनिरोधः योगश्चित्तवृत्तिनिरोधः योगश्चित्तवृत्तिनिरोधः

효행교육지도사

자격증 번호 : 제 HYO-B-2011-339 호
자　　　격 : 효행 교육 지도사 2급
성　　　명 : 오　중　영
생 년 월 일 : 1965. 07. 15
교 육 장 소 : 한국효충교육원
합　격　일 : 2011 년 3 월 24 일

위 사람은 본 대학 한국효충교육원에서 자격과정을 이수하고 검정절차를 거쳐 자격을 얻었으므로 이 증서를 드립니다.

This is to certify that Ohe Jung-Young having satisfied requirements for graduation prescribed by this Institution, upon recommendation of the faculty and by authority of the Kyungmin College & University, is awarded the Certificate of HYO Educator.

2011년 3월 31일

경민대학 총장 철학박사 홍문종

본 자격증은 한국직업능력개발원에 등록된 자격임.

제 수원1233호

직업능력개발훈련교사자격증

성　　명　오 준 영

주민등록번호　650715

자격직종및등급　통신 · 3급

근로자직업훈련촉진법 제9조의 규정에 의하여 직업능력개발훈련교사의 자격증을 교부합니다.

2002 년 12 월 12 일

노 동 부 장 관

근로자직업훈련촉진법시행령 제28조에 의한 권한을 위임받아

수원지방노동사무소장

제 2-340230 호

사회복지사자격증

성　　명 : 오중영

생년월일 : 1965년 07월 15일

등　　급 : 2급

위 사람은 「사회복지사업법」 제11조에 따른 사회복지사 자격이 있음을 인정합니다.

2011 년　　03 월　　09 일

보건복지부장관

자 격 증 Certificate

웃음치료사

Laughter Therapist

한국웃음치료사협회 정규과정을 수료하고
웃음치료사1급 시험에 합격하였기에
자격을 인정함.

KLTA 한국웃음치료사협회장

KBS

우 수 상

오 중 영

위 사람은 KBS제2라디오 "가로수를 누비며"가 마련한 교통사고 체험수기공모에서 자신의 아픈 기억을 진솔한 표현으로 담담히 그려,많은 사람들에게 교통사고에 대한 새로운 교훈을 주었으므로 이 상패를 드립니다.

1995년 3 월 22일

한국방송공사

라디오본부장 황규환

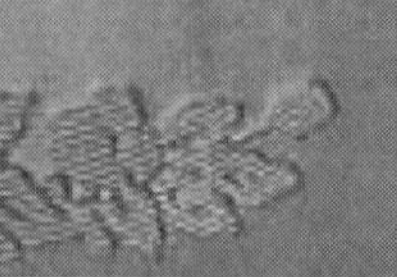

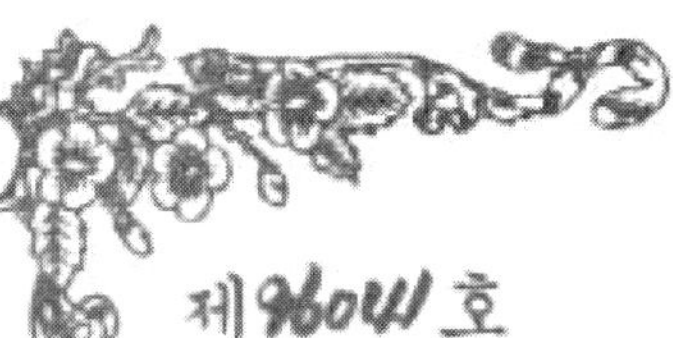

제 960411 호

상 장

레드리상 오준영

귀하는 여성의 숨겨진 자질과 능력을 계발하고 행복한 가정을 통한 아름다운 사회만들기 운동의 일환으로 당사가 제정한 제7회 마터나문학상 현상공모에서 훌륭한 솜씨를 발휘하여 두서와 같은 성적을 거두었기에 상장과 부상을 드립니다.

1996년 10월 23일

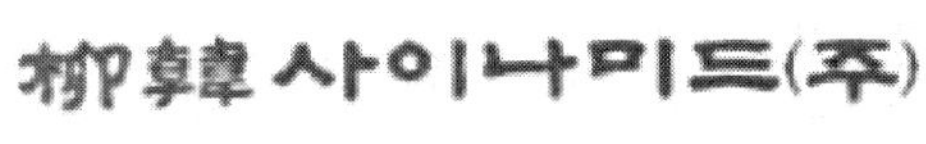

공동대표이사 연 강

MEMO

MEMO

오준영 산문집

그런 시절이 있었네

초판인쇄일 2020년 12월 10일
초판발행일 2020년 12월 14일

지은이 : 오준영
발행인 : 김순진
편집장 : 전하라
디자인 : 김초롱
펴낸곳 : 도서출판 문학공원
등 록 : 2004년 3월 9일 제6-706호
주 소 : 우편번호 03382 서울 은평구 통일로 633
녹번오피스텔 501호 스토리문학사
전 화 : 02-2234-1666
팩 스 : 02-2236-1666
홈페이지 : http://cafe.daum.net/yob51
이메일 : 4615562@hanmail.net

※ 책값은 뒤표지에 있습니다.
※ 저자와의 협의에 의해, 인지는 생략합니다.